汽车专业工学结合一体化系列教材
Qiche Zhuanye Gongxue Jiehe Yitihua Xilie Jiaocai

汽车传动系检修

● 主　编　尹强飞　廖曙洪
● 副主编　王尚军　雷治亮　张建忠
● 主　审　蔡昶文

华南理工大学出版社
SOUTH CHINA UNIVERSITY OF TECHNOLOGY PRESS
·广州·

图书在版编目（CIP）数据

汽车传动系检修/尹强飞，廖曙洪主编. —广州：华南理工大学出版社，2017.2

汽车专业工学结合一体化系列教材

ISBN 978-7-5623-5183-2

Ⅰ.①汽… Ⅱ.①尹… ②廖… Ⅲ.①汽车-传动系-车辆检修-教材 Ⅳ.①U472.41

中国版本图书馆 CIP 数据核字（2017）第 010448 号

汽车传动系检修

尹强飞 廖曙洪 主编

出 版 人：	卢家明
出版发行：	华南理工大学出版社
	（广州五山华南理工大学17号楼，邮编510640）
	http://www.scutpress.com.cn E-mail:scutc13@scut.edu.cn
	营销部电话：020-87113487 87111048（传真）
策划编辑：	袁 泽
责任编辑：	袁 泽
印 刷 者：	佛山市浩文彩色印刷有限公司
开 本：	787mm×1092mm 1/16 印张：8.5 字数：201千
版 次：	2017年2月第1版 2017年2月第1次印刷
定 价：	28.00元

版权所有 盗版必究 印装差错 负责调换

前言 PREFACE

《汽车传动系统检修》是以汽车维修工职业岗位能力分析为导向，分析其具体工作内容、工作过程和工作情景，开发出以诊断与排除汽车传动系统典型故障为载体的学习任务。教学实施过程包括：离合器打滑故障检修、离合器分离不彻底故障检修、变速器换挡困难故障检修、变速器乱挡故障检修、传动轴抖动故障检修、驱动桥异响故障检修等6个学习任务。

每个任务通过真实的情境教学，即教学内容等于工作内容、教学过程等于工作过程、教学环境等于工作环境、教学评价等于工作评价，让学生掌握工作中所必要的基本知识、基本技能、综合技能，以及强化学生职业素养的养成。同时引入公司化运作模式组织教学，让学生掌握企业的运作、组织结构、经营理念、管理方法、质量控制、文化内涵及职业道德等内容。

本书可作为各类职业技术院校汽车运用技术、汽车检测与维修、汽车运用工程及相关专业教材，也可作为汽车行业从业人员的岗位培训用书。

本书由尹强飞、廖曙洪担任主编，王尚军、雷治亮、张建忠任副主编，王光林、彭本忠、王朝帅、蓝祖龙、梁华等参与了本书的编写工作。在编写过程中还得到了各有关兄弟院校、汽修企业的大力支持，以及有关专家的指导。在此，我们一并表示衷心的感谢！

由于编者的水平有限，难免会有不足之处，恳请广大读者对本书提出宝贵的意见和建议，以便再版时能改正。

编 者
2016 年 11 月

目录 / CONTENTS

项目一 离合器故障检修

任务一 离合器打滑故障检修 (3)
 一、明确学习任务 (4)
 二、收集学习资料 (4)
 三、制订检修计划 (6)
 四、实施检修作业 (7)
 五、学业评估 (10)
 六、相关知识 (11)

任务二 离合器分离不彻底故障检修 (29)
 一、明确学习任务 (30)
 二、收集学习资料 (30)
 三、制订检修计划 (31)
 四、实施检修作业 (32)
 五、学业评估 (35)
 六、相关知识 (36)

项目二 变速器故障检修

任务三 变速器换挡困难故障检修 (43)
 一、明确学习任务 (44)
 二、收集学习资料 (44)
 三、制订检修计划 (46)
 四、实施检修作业 (47)
 五、学业评估 (57)
 六、相关知识 (58)

任务四 变速器乱挡故障检修 (70)
 一、明确学习任务 (71)

二、收集学习资料 …………………………………………………………………… (71)
　　三、制订检修计划 …………………………………………………………………… (72)
　　四、实施检修作业 …………………………………………………………………… (73)
　　五、学业评估 ………………………………………………………………………… (76)
　　六、相关知识 ………………………………………………………………………… (77)

项目三　传动轴与驱动桥故障检修

任务五　传动轴抖动故障检修 …………………………………………………………… (85)
　　一、明确学习任务 …………………………………………………………………… (86)
　　二、收集学习资料 …………………………………………………………………… (86)
　　三、制订检修计划 …………………………………………………………………… (88)
　　四、实施检修作业 …………………………………………………………………… (89)
　　五、学业评估 ………………………………………………………………………… (94)
　　六、相关知识 ………………………………………………………………………… (95)

任务六　驱动桥异响故障检修 …………………………………………………………… (105)
　　一、明确学习任务 …………………………………………………………………… (106)
　　二、收集学习资料 …………………………………………………………………… (106)
　　三、制订检修计划 …………………………………………………………………… (108)
　　四、实施检修作业 …………………………………………………………………… (109)
　　五、学业评估 ………………………………………………………………………… (111)
　　六、相关知识 ………………………………………………………………………… (112)

项目一

离合器故障检修

任务一 离合器打滑故障检修

班级：_____ 姓名：_____ 学号：_____ 日期：_____

学习任务	离合器打滑故障检修	教学方法	任务驱动
学习目标	1. 能够执行离合器检修的操作规程，树立良好的安全文明操作意识； 2. 能说出汽车传动系统的功用、类型及组成； 3. 能说出离合器的功用、组成及工作原理； 4. 能够查阅维修手册或其它资源分析出离合器打滑的故障原因； 5. 能够查阅维修手册或其它资源制订出离合器打滑故障的检修计划； 6. 能够按照检修计划规范完成对离合器打滑故障的检修； 7. 能够运用所学知识，为顾客使用、维护离合器提出合理化建议		

学习准备	1. 工具、设备：
	  汽车传动系统实验台、工具车、通用工具、变速器拆装托举千斤顶、扭力扳手、游标卡尺、百分表、刀口尺、塞尺及网络资源。
	2. 学习材料：
	  维修手册、学习工作页、投影、白板笔、展示板、磁吸、彩纸卡片若干。
	3. 耗材：
	  抹布若干、化清剂、砂纸		

一、明确学习任务

车主张先生购买了一辆2012年款东风日产骐达车,累计行程45 320公里。有一天张先生开车出行发现:启动发动机,预热正常后,汽车起步时,在完全放松离合器踏板的情况下,汽车行走无力;汽车加速时,车速和发动机转速不同步;汽车重载、上坡时打滑较明显,严重时可嗅到离合器摩擦片的焦臭味。

要求维修技工按照维修接待前台提供的维修工单作业,查阅维修手册、参考相关资料,在整车上排除故障,使汽车离合器能正常工作,并最终检验合格后交付客户。

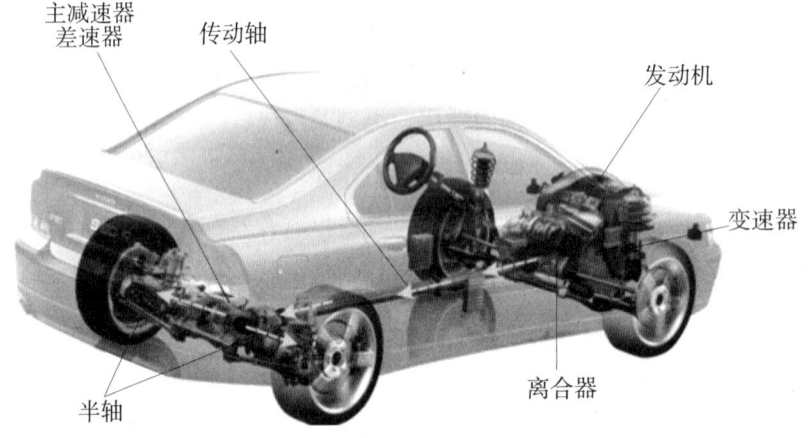

二、收集学习资料

1. 请查阅相关资料,并描述出汽车传动系统的功用。

2. 请查阅相关资料,在下图中的引出线处标注汽车传动系统各组成部分的名称,并用箭头标注出动力传递的路径。

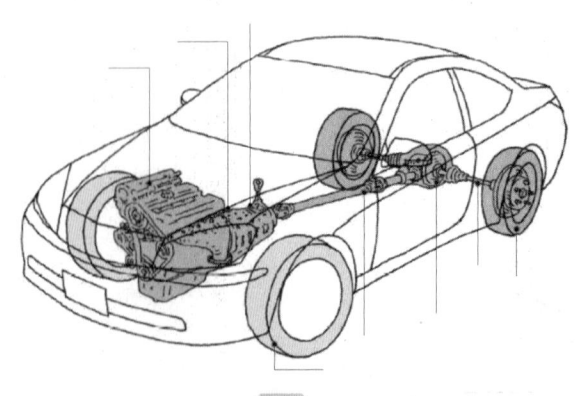

3. 汽车行驶时受到哪四种阻力的作用_____、_____、_____、_____。

4. 请在下面空白处填写汽车行驶的充分必要条件。

5. 汽车传动系统的布置类型主要有_____、_____、_____、_____、_____5种。

6. 汽车传动系统的类型主要有_____、_____、_____3种。

7. 请查阅相关资料，描述汽车离合器的功用。

8. 请查阅相关资料，在下图中的引出线处标注汽车离合器各组成部分的名称。

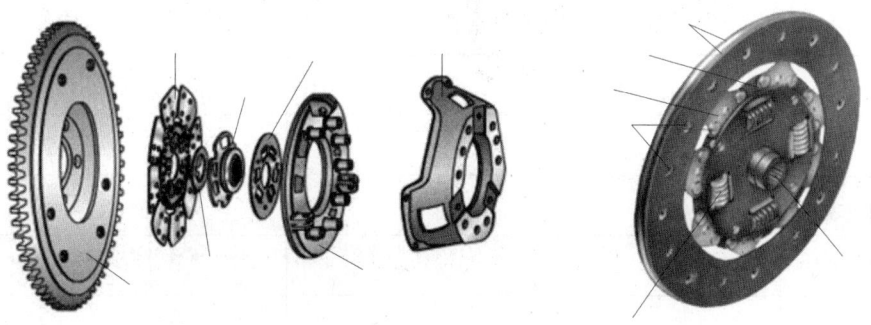

9. 请查阅相关资料，根据下图描述离合器的工作原理。

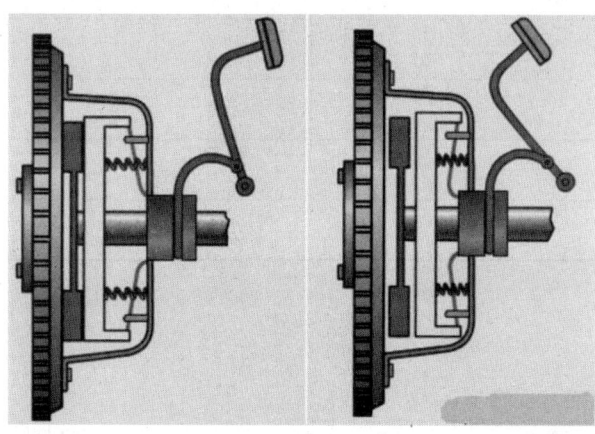

三、制订检修计划

1. 填写车辆信息

基本信息	车辆底盘号		车　　型	
	发动机型号		累计里程	

2. 查阅维修手册或其它资源，分析可能导致离合器打滑的故障原因，按先后顺序填写。

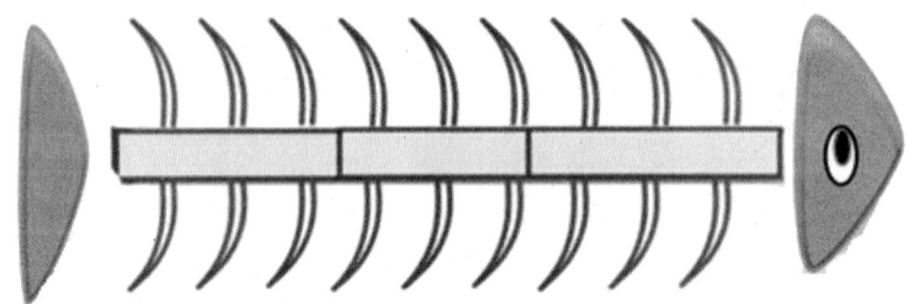

3. 请根据故障分析原因，并由简至繁在下表中列出离合器打滑故障的检修步骤。

序号	检查项目	使用工具
1		
2		
3		
4		
5		
6		
7		
8		
9		

四、实施检修作业

（一）离合器的拆卸

（1）驱动桥的拆卸。

用千斤顶等工具从汽车上拆卸手动变速驱动桥总成。

【拆卸完成/未完成】

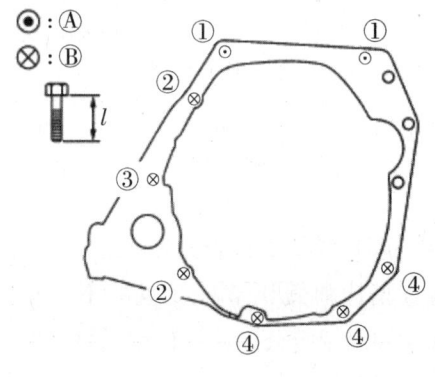

（2）离合器的拆卸。

均匀松开离合器盖的固定螺栓，然后拆卸离合器盖与离合器从动盘。

【拆卸完成/未完成】

（二）离合器的检查与调整

（1）从动盘键槽的外观检查。

从表面观察，如有下列现象之一：从动盘摩擦衬片表面烧蚀、开裂，扭转减振器弹簧折断，花键磨损大，铆钉松动，则应更换离合器从动盘。

【正常/损坏】

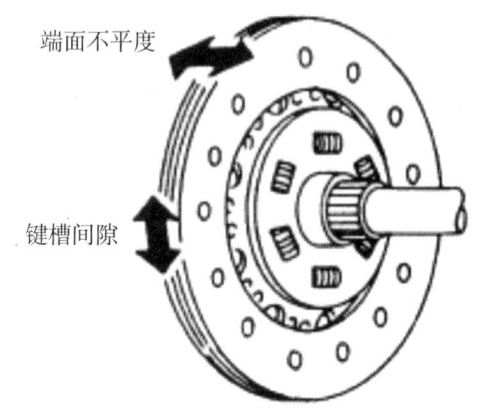

（2）从动盘键槽的检查。

测量离合器从动盘中心键槽圆的不平度。如果不符合规范，请更换离合器片。

不平度极限：1.0 mm

测量值＿＿＿＿＿＿＿＿＿＿＿＿mm

测量离合器从动盘上的离合器键槽与输入轴之间的间隙。如果不符合规范，请更换离合器片。

键槽最大许可间隙：0.8 mm

测量值＿＿＿＿＿＿＿＿＿＿＿＿mm

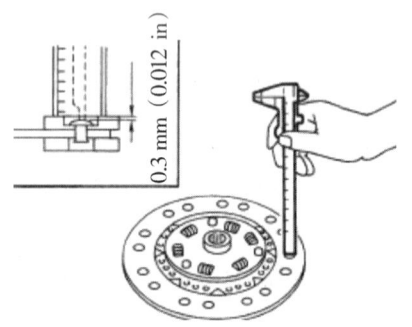

（3）离合器片铆钉头深度的检查。

使用卡尺测量到离合器片铆钉头的深度。如果超出磨损极限，请更换离合器片。

表面磨损极限（到铆钉头的深度）：0.3 mm

测量值＿＿＿＿＿＿＿＿＿＿＿＿mm

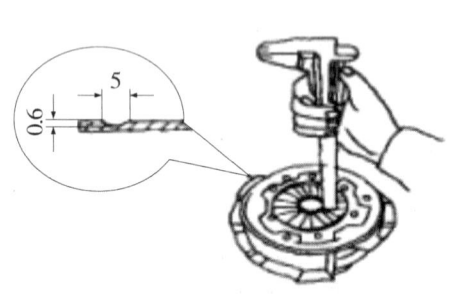

（4）膜片弹簧的检查。

检查膜片弹簧调节杆抓盘的不平整度。如果超出规定公差，请使用隔板调整扳手调整调节杆的高度。

隔板弹簧调节杆的不平整度的公差：0.7 mm

测量值＿＿＿＿＿＿＿＿＿＿＿＿mm

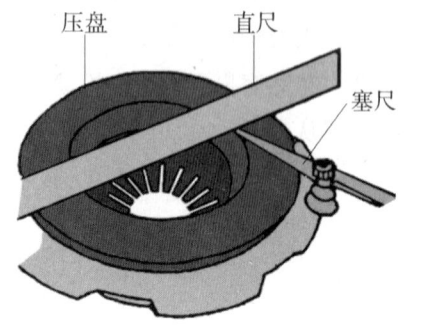

（5）压盘的检查。

压盘若出现裂纹、翘曲变形、严重磨损、工作面烧蚀，则应更换。

【正常/损坏】

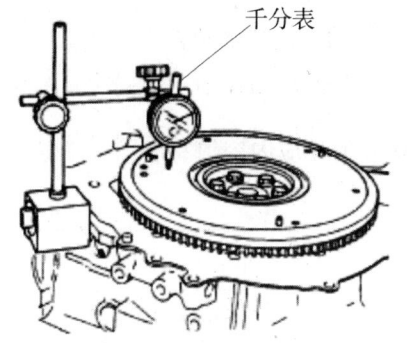

千分表

(6) 飞轮的检查。

使用刻度盘指示器,测量飞轮离合器接触表面的不平度。如果不符合规范,请更换飞轮。如果离合器盖压板与离合器片接触表面之间出现烧蚀或变色的痕迹,请用砂纸修理。

【不规范/烧蚀/正常】

(三) 离合器的安装

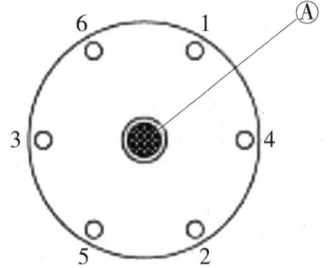

(1) 从动盘的安装。

清洁离合器从动盘和输入轴键槽,去除油脂和磨损金属末。

将规定的油脂涂抹在离合器从动盘与输入轴键槽上。

使用离合器调心销钉,安装离合器片。

【完成/未完成】

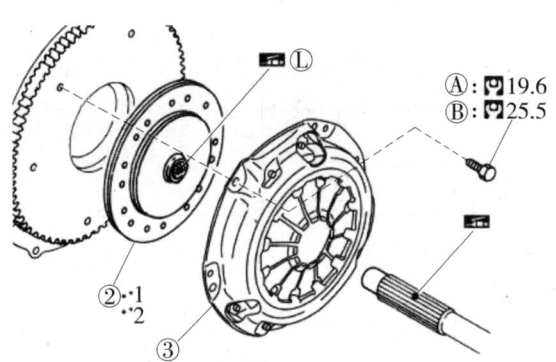

(2) 离合器盖的安装。

预先拧紧离合器盖固定螺栓。按顺序分两步将离合器固定螺栓依次均匀地拧紧。

【完成/未完成】

五、学业评估

各学习小组进行自我评价、相互评价，完成学业评估表的相应内容填写。

学业评估表

项　目	评价内容			评价等级		
				😎	🙂	☹️
自我评价	学到的知识点：					
	学到的技能：					
	不理解的有：					
	还需要深入学习并提升的有：					
组内评价	○按时到场　　○工装齐备　　○书、本、笔齐全					
	○安全操作　　○责任心强　　○7S管理规范					
	○学习积极主动　○合理使用教学资源　○主动帮助他人					
	○接受工作分配　○有效沟通　○高效完成工作任务					
组间评价	项目	本组	他组			
	计划的合理性					
	计划的执行性					
	工作完成度					
	优点					
	改进之处					
	其它					
小组评语及建议	他（她）做到了： 他（她）的不足： 给他（她）的建议：			组长签名： 　年　月　日		
老师评语及建议				评价等级： 教师签名： 　年　月　日		

六、相关知识

（一）汽车传动系统的组成和功能

汽车传动系统的基本功用是将发动机发出的动力传给驱动车轮。

现代汽车普遍采用的是活塞式内燃机，与之相配的传动系统大多采用机械式。普通双轴货车的机械式传动系统的组成及布置如图 1-1 所示。发动机被纵向安置在汽车前部，并且以后轮为驱动轮。发动机发出的动力依次经过离合器、变速器，由万向节与传动轴组成的万向传动装置，以及安装在驱动桥中的主减速器、差速器和半轴，最后传到驱动车轮。

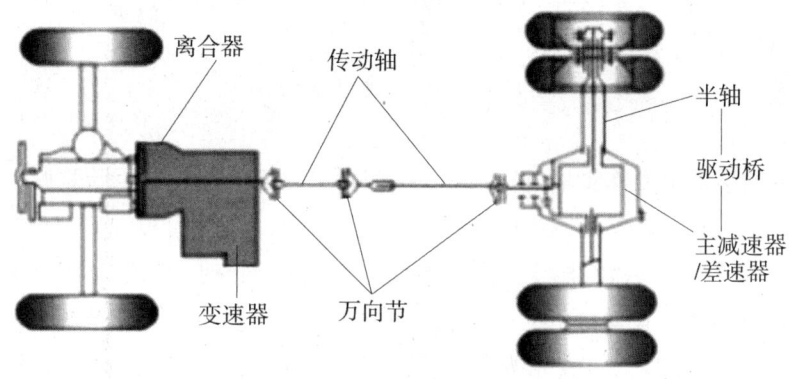

图 1-1 汽车传动系统的组成

传动系统的首要任务是与发动机协同工作，以保证汽车能在不同使用条件下正常行驶，并具有良好的动力性和燃油经济性。

（二）汽车行驶的基本原理

汽车行驶必须满足汽车驱动附着条件（如图 1-2 所示）：

$$F_f + F_i + F_j + F_w \leq F_t \leq Z_w \psi$$

式中，F_f——滚动阻力；

F_i——坡度阻力；

F_j——加速阻力；

F_w——空气阻力；

F_t——驱动力，由发动机通过离合器、变速器和主减速器传给驱动轮的转距 M_y 与车轮半径的比；

Z_w——正压力；

ψ——车轮与地面间的附着系数。

驱动条件表明：汽车的驱动力必须大于或等于滚动阻力、坡度阻力、加速阻力和空气阻力之和。附着条件表示汽车动力受路面附着力限制，即不能超过附着力。

汽车的行驶阻力可以分为稳定行驶阻力和动态行驶阻力，具体包括了滚动阻力、空气阻力、坡度阻力以及加速阻力。

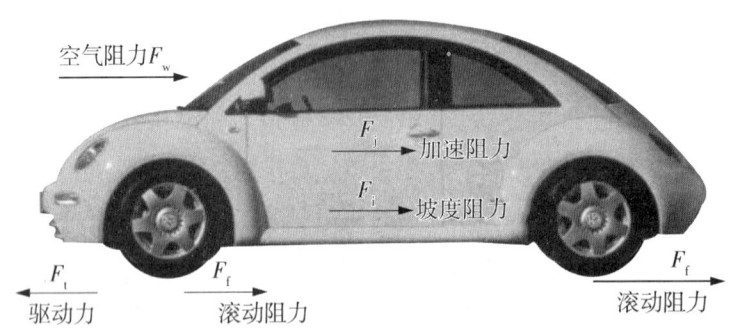

图1-2 汽车行驶的基本原理

1. 滚动阻力

我们所说的滚动阻力其实是由轮胎的滚动阻力、路面阻力还有轮胎侧偏引起的阻力所构成。

当汽车在行驶时会使得轮胎变形，而不是一直保持静止时的圆形，而由于轮胎本身的橡胶和内部的空气都具有弹性，因此在轮胎滚动时会使得轮胎反复经历压缩和伸展的过程，由此产生了阻尼功，即变形阻力。经过试验表明，当汽车行驶速度超过45m/s（162km/h）时，轮胎变形阻力会急剧增加，这不仅要求有更高的动力，对轮胎本身也是极大的考验。而轮胎在路面行驶时，胎面与地面之间存在着纵向和横向的相对局部滑动，且车轮轴承内部也会有相对运动，因此又会有摩擦阻力产生。由于车轮是被空气所包围的，因而会受到空气阻力的影响。这三种阻力：变形阻力、摩擦阻力还有轮胎空气阻力的总和便是轮胎的滚动阻力。在40m/s（144km/h）以下的速度范围内，变形阻力占了轮胎的滚动阻力的90%～95%，摩擦阻力占2%～10%，而轮胎空气阻力所占的比率极小。

路面阻力就是轮胎在各种路面上的滚动阻力，由于各种路面不同，因而产生的阻力也不同，在这里就不详细研究了。

轮胎侧偏引起的阻力，则是由于车轮的运动方向与受到的侧向力产生了夹角而产生的。

2. 空气阻力

汽车在行驶时，需要挤开周围的空气，汽车前面受气流压力并且形成真空，产生压力差，此外还存在着各层空气之间以及空气与汽车表面的摩擦，再加上冷却发动机、室内通风以及汽车表面外凸零件引起的气流干扰等，就形成了空气阻力（见图1-3）。它包括压差阻力（又称形状阻力）、诱导阻力、表面阻力（又称摩擦阻力）、内部阻力（又称内循环阻力）以及干扰阻力等。空气阻力与汽车的形状、汽车的正面投影面积等有关，特别是与汽车-空气的相对速度的平方成正比。当汽车高速行驶时，空气阻力的数值将显著增加。我们在汽车指标中经常见到的风阻就是计算空气阻力时的空气阻力系数，这个系数越小越好。

图1-3　汽车行驶受到的空气阻力

3. 坡度阻力

汽车重力沿坡道的分力 F_i 表现为汽车坡度阻力（见图1-4）。根据我国的公路路线设计规范，高速公路平原微丘区最大纵坡为3%，山岭重丘区为5%；一级汽车专用公路平原微丘区最大坡度为4%，山岭重丘区为6%；一般四级公路平原微丘区为5%，山岭重丘区为9%。所以，一般道路的坡度均较小。

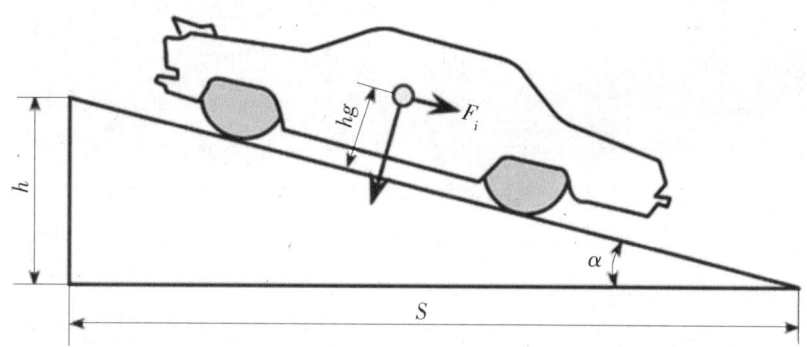

图1-4　汽车行驶受到的坡度阻力

4. 加速阻力

在动态行驶阻力方面，主要是惯性力，它包括平移质量引起的惯性力，也包括旋转质量引起的惯性力矩。

汽车能够运动起来，必须克服以上所介绍的总阻力。当阻力增加时，汽车的驱动力也必须跟着增加，与阻力达到一定范围内的平衡。我们知道，驱动力的最大值取决于发动机最大的转矩和传动系的传动比，但实际发出的驱动力还受到轮胎与路面之间的附着性能（即包括各种条件的路面情况）的限制。汽车只有在这些综合条件的限制中与各个因素达到平衡，才能够顺利地运动起来。

（三）汽车传动系统的布置类型

汽车传动系统的布置类型与汽车总体布置是相适应的，可归纳为以下几种。

1. 发动机前置后轮驱动（FR）

FR 方案是 4×2 型汽车的传统布置方案，如图 1-5 所示，主要应用于大、中型载货汽车上，在部分高级轿车以及微型汽车上也有采用，如解放牌东风系列载重车，奔驰、宝马系列高级轿车以及国产的长安、五菱、金杯系列轻型客货车等。该方案的优点是，前后轮的质量分配比较理想，附着力大，容易获得足够的驱动力，操控性好；其缺点是，需要一根较长的传动轴，这不仅占据了舱内空间也增加了车重，而且也影响了传动系统的效率。

这种驱动形式的动力传动路线为：发动机→离合器→变速器输入轴→相关挡位的啮合齿轮→变速器输出轴→传动轴→后驱动桥上的减速差速器→两侧的车轮驱动半轴→车轮。

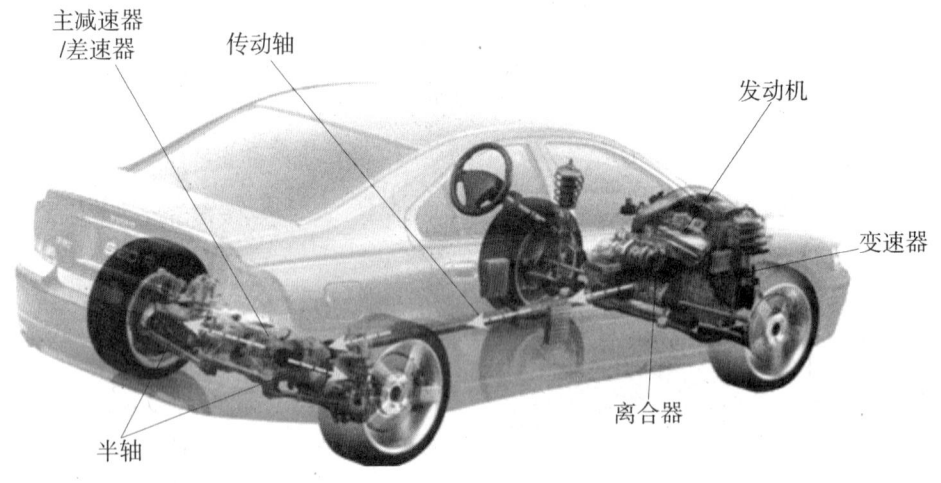

图 1-5 发动机前置后轮驱动

2. 发动机前置前轮驱动（FF）

FF 方式是发动机、离合器与主减速器、差速器等装配成十分紧凑的整体，布置在汽车的前面，前轮为驱动轮，如图 1-6 所示。这样在变速器和驱动桥之间就省去了万向节和传动轴。发动机可以纵置或横置，在发动机横置（发动机曲轴轴线垂直于车身轴线）时，由于变速器轴线与驱动桥轴线平行，主减速器可以采用结构和加工都较简单的圆柱齿轮副。发动机纵置时，则大多数需采用螺旋锥齿轮副。由于前轮是驱动轮，有助于提高汽车高速行驶时的操纵稳定性。这种布置方案目前已广泛地应用于微型和中级轿车上，在中高级和高级轿车上的应用也日渐增多。例如：一汽大众、上海大众、广州本田、广汽丰田等国产中高级轿车均采用这种布置形式。这种方式的优点是降低了车厢及增强了抗侧滑能力；缺点是上坡时的驱动轮附着力小。

图 1-6 发动机前置前轮驱动

发动机前置前轮驱动的动力传递路线（图 1-7）：发动机→离合器→变速器输入轴→相关挡位的啮合齿轮→变速器输出轴→差速减速器→驱动半轴→车轮。

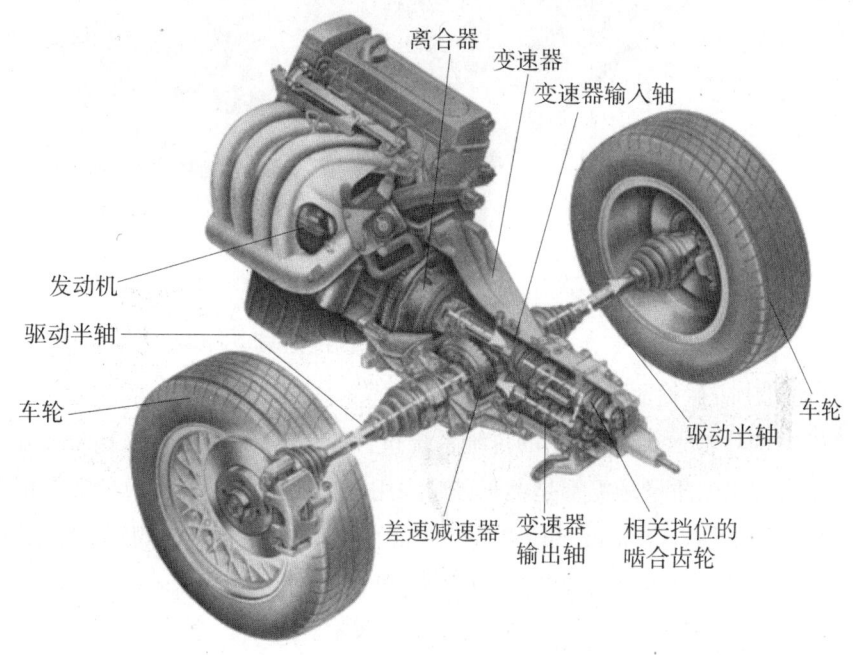

图 1-7 发动机前置前轮驱动的动力传递

3. 发动机后置后轮驱动（RR）

发动机后置后轮驱动（RR）是将发动机、离合器和变速器都横置于驱动桥之后，驱动桥采用非独立悬架，如图 1-8 所示。主减速器与变速器之间距离较大，其相对位置经常变化。由于这些原因，有必要设置万向传动装置和角传动装置。大型客车采用这种布置方案更容易做到汽车总质量在前后车轴之间的合理分配，而且具有车厢内噪声低、空间利用率高等优点，因此它是大、中型客车普遍采用的方案。但是由于发动机在汽车后部，发动机冷却条件差，发动机、离合器和变速器的操纵机构都较复杂。少数轿车和微型汽车也有采用这种方案的，例如保时捷 911。这种方案的优点是结构紧凑，没有沉重的传动轴，

15

没有复杂的前轮转向结构；缺点是后轴负荷较大，容易产生转向过度。

这种布置形式与发动机前置前轮驱动的动力传递路线是一致的，只是各传递元件位置有所不同，发动机前置前轮驱动形式参与动力传递的各部件在发动机的前部，而后置后轮驱动的则在汽车的后部。

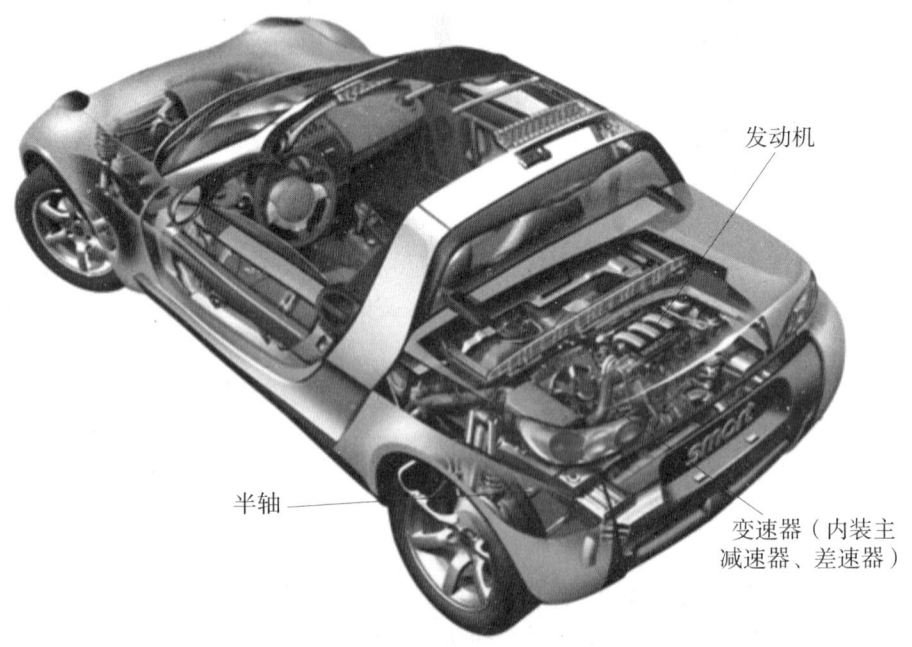

图1-8　发动机后置后轮驱动

4. 发动机中置后轮驱动（MR）

发动机中置后轮驱动（MR）的传统系统布置如图1-9所示。这种布置方案有利于实现前后轮较为理想的质量分配，是赛车普遍采用的方案。部分大、中型客车也有采用此种布置方案。它的优缺点介于FF和RR方案之间，优点是轴负荷分配均匀，具有中性的操控特点；缺点是发动机占去了驾驶室空间，降低了空间的利用率，因此大部分用于追求操控表现的跑车。

这种布置形式与发动机前置前轮驱动的动力传递路线也是一致的，只是各传递元件位置有所不同，发动机前置前轮驱动形式参与动力传递的各部件在发动机的前部，发动机中置后轮驱动的则在汽车的中后部。

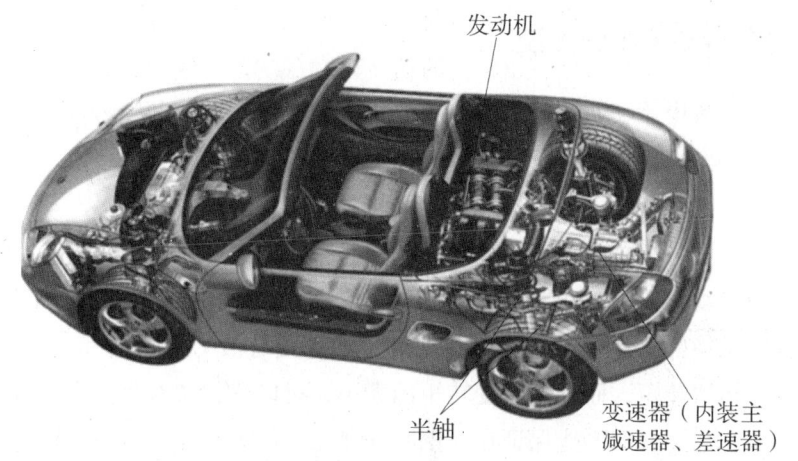

图 1-9　发动机中置后轮驱动

5. 全轮驱动（nWD）

nWD 是 n Wheel Drive 的缩写（n 代表驱动轮数），表示传动系统为全轮驱动形式。对于要求能在坏路或无路地区行驶的越野汽车，为了充分利用所有车轮与地面之间的附着条件，以获得尽可能大的牵引力，总是将全部车轮都作为驱动轮，故传动系统常采用全轮驱动（nWD）。4WD 越野轿车的传动系统布置如图 1-10 所示。从图中不难看出，前后桥都是驱动桥。为了将变速器输出的动力分配给前后两驱动桥，在变速器与两驱动桥之间设置有分动器：前驱动桥可根据需要，用换挡拨叉接通或断开前轮驱动。四轮驱动的优点是四个车轮均有动力，地面附着力最大，通过性和动力性好。主要应用于越野车、特种车和军用轿车上。

该布置方式的动力传递路线为：

发动机→离合器→变速器→分动器→ { 传动轴→后差速器→后驱动半轴→后轮
传动轴→前差速器→前驱动半轴与球笼万向节→前轮 }

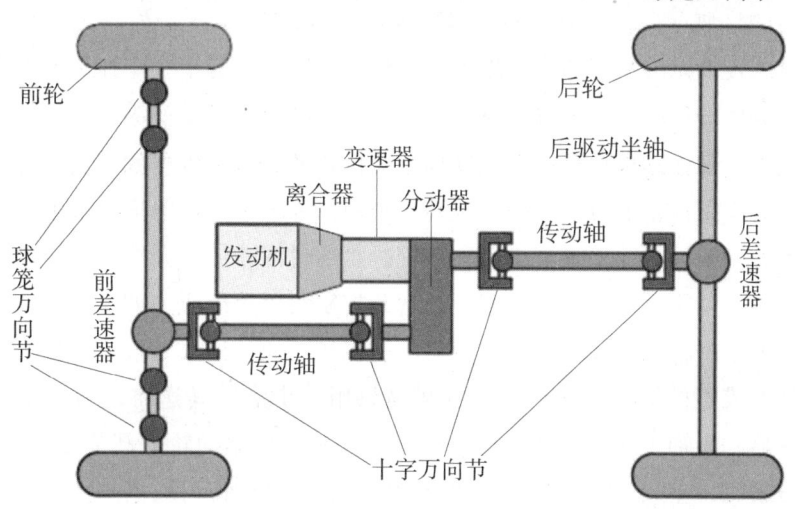

图 1-10　全轮驱动

(四）汽车传动系统的类型

按汽车传动系统中传动元件的特征，可分为机械式、液力式和电力式传动系统等。

1. 液力式传动系统

液力式传动系统又分为液力机械式传动系统和静液式传动系统。

液力机械式传动系统的特点是组合运用液力传动和机械传动，如图 1-11 所示。此处，液力传动单指动液传动，即以液体为传动介质，利用液体在主动元件和从动元件之间循环流动过程中动能的变化来传递动力。动液传动装置有液力耦合器和液力变矩器两种。液力耦合器只能传递转矩，而不能改变转矩的大小，可以代替离合器的部分功能，即保证汽车平稳地起步和加速，但不能保证在换挡时变速器中的齿轮不受冲击。液力变矩器则除了具有液力耦合器全部功能外，还能实现无级变速，故其应用目前比液力耦合器广泛得多。但是，液力变矩器的输出转矩与输入转矩的比值变化范围还不足以满足使用要求，故一般在其后再串联一个有级式机械变速器而组成液力机械变速器，以取代机械式传动系统中的离合器和变速器。液力机械式传动系统其它组成部件及布置方案均与机械式传动系统相同。

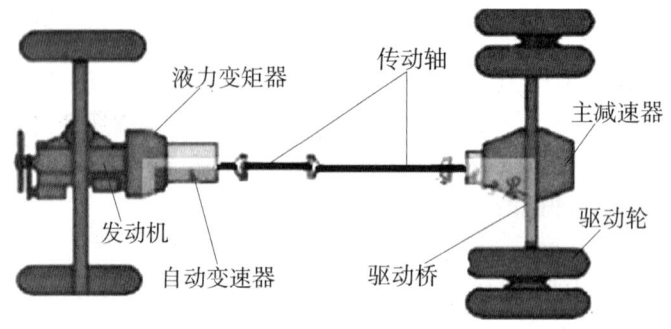

图 1-11 液力机械式传动系统

液力机械式传动系统能根据道路阻力的变化，自动地在若干个车速范围内分别实现无级变速，而且其中的有级式机械变速器还可以实现自动或半自动操纵，因而可使驾驶员的操作大为简化。但是，其也存在结构较复杂、造价较高、机械效率较低等缺点。因此，目前除了在轿车和重型汽车上有较多的采用外，中级以下轿车和一般货车采用较少。

静液式传动系统又称容积式液压传动系统，是通过液体传动介质的静压力能的变化来传动的，主要由发动机驱动的油泵、液压马达和控制装置等组成，如图 1-12 所示。油泵和液压马达一般采用轴向柱塞式。发动机输出的机械能通过油泵转换成液压能，然后再由液压马达又转换成机械能。其中，一种方案是只用一个液压马达将动力传给驱动主减速器，再经差速器和半轴传动驱动轮；另一种方案是每一个驱动轮上都装设一个液压马达。采用后一种方案时，主减速器、差速器和半轴等机械传动件都可取消。

静液式传动系统存在着机械效率低、造价高、使用寿命和可靠性不够理想等缺点，故目前只在某些军用车辆上采用。如何克服这些缺点使之能在一般汽车上推广应用，还有待进一步研究。

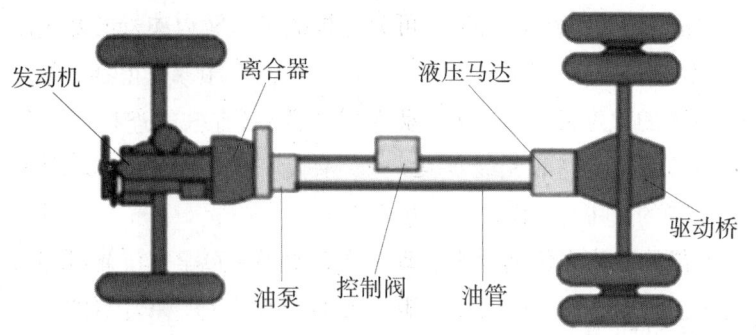

图 1-12　静液式传动系统

2. 电力式传动系统

电力式传动系统在组成和布置上与静液式传动系统有些类似。其主动部件是由发动机驱动的发电机，从动部件则是牵引电动机，如图 1-13 所示。可以只用一个电机，与传动轴或驱动桥相连接；也可以在每个驱动轮上单装一个电动机。在后一种情况下，电动机输出的动力必须通过减速机构传输到驱动轮上，因为装在车轮内部的牵引电动机的转矩还不够大，转速则嫌过高。这种直接与车轮相连的减速机构称为轮边减速器。内部装有牵引电动机和轮边减速器的驱动车轮通称为电动轮。

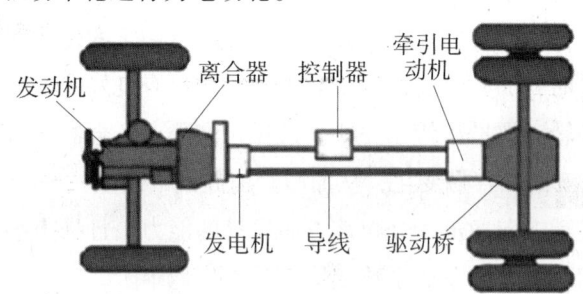

图 1-13　电力式传动系统

早期采用的发电机和电动机都是直流的，因为直流电机的特性可以直接满足汽车的无级变速要求。但由于直流发电机太重，体积也过于庞大，故现在多用由专设的直流励磁的三相交流同步发电机。发电机发出的交流电通过可控硅全波整流器整流后，输入装有直流串激电动机的电动轮。

这种电力传动系统中设有操纵控制电路，其作用是根据驾驶员对加速踏板的操纵动作信号，通过各种电气元件和气动元件来控制发动机和发电机的转速和转矩，从而控制电动轮的转速和牵引力矩的大小和方向，以实现汽车的起步、加速和倒车。

为了使发动机基本保持在最有利工况下工作的同时，也保证交流发电机安全工作，并具有接近理想的输出特性（输出电压与电流的关系曲线接近于双曲线，即输出功率接近恒定），电力传动系统中应设置作为自动调节系统的励磁控制电路，通过对励磁发电机输出电压的调节，使发电机输出功率与发动机输出功率相匹配。

目前电力式传动系统的发展趋势是将直流电动机也改成交流电动机。为此，应将经整流所得的直流电再通过逆变装置转变为频率可变的交流电，以驱动装有交流电动机的电动轮，从而使电动轮的转速和牵引力矩可以通过改变交流电频率而得到调节。

电力式传动系统的优点是，由于从发动机到车轮只有电气连接，可使汽车的布置简化；对环境无污染；此外，它的无级变速特性，有助于提高平均车速，驱动平稳，冲击力小，有利于延长车辆的使用寿命等。

电力式传动系统的缺点是，质量大、效率低、消耗有色金属（铜用量较多）等。

（五）离合器的功用

发动机曲轴转矩必须传送到车轮上，而要完成这样的传递，转矩首先必须通过离合器送到变速器。离合器用于机械连接和脱开变速器。当发动机运转时，有时要求车轮不能转动，离合器就是用于连接和脱开变速器及车轮的机械装置。如果没有离合器，那么每次停车时，发动机就得熄火，而这是不现实的。因此，驾驶员可根据需要使离合器进行分离或接合。

离合器安装在发动机与变速器之间，用来分离或接合前后两者之间的动力联系。对其要求为：

（1）保证能传递发动机发出的最大转矩，并且还有一定的传递转矩余力。

（2）能做到分离时，彻底分离，接合时柔和，并具有良好的散热能力。

（3）从动部分的转动惯量尽量小一些。这样，在分离离合器进行换挡时，与变速器输入轴相连部分的转速就比较容易变化，从而减轻齿轮间冲击。

（4）具有缓和转动方向冲击、衰减该方向振动的能力，且噪声小。

（5）压盘压力和摩擦片的摩擦系数变化小，工作稳定。

（6）操纵省力，维修保养方便。

（六）离合器的类型

汽车离合器有摩擦式离合器、液力偶合器、电磁离合器等几种。摩擦式离合器又分为湿式和干式两种。

1. 摩擦式离合器

目前，与手动变速器相配合的绝大多数离合器为干式摩擦式离合器，如图1-14所示，按其从动盘的数目，又分为单盘式、双盘式和多盘式等几种。湿式摩擦式离合器一般为多盘式的，浸在油中以便于散热。

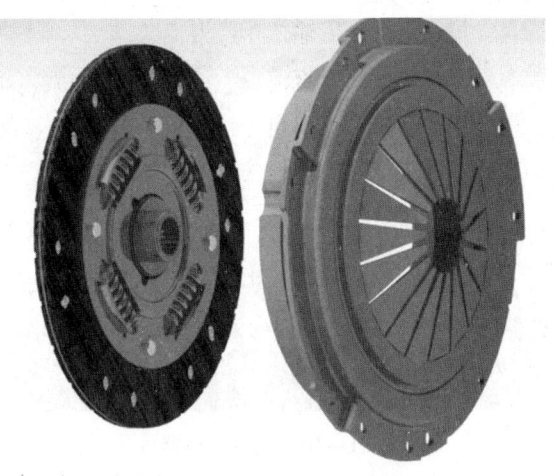

图 1-14　摩擦式离合器

2. 液力偶合器

液力偶合器靠工作液（油液）传递转矩，如图 1-15 所示，外壳与泵轮连为一体，是主动件；涡轮与泵轮相对，是从动件。当泵轮转速较低时，涡轮不能被带动，主动件与从动件之间处于分离状态；随着泵轮转速的提高，涡轮被带动，主动件与从动件之间处于接合状态。

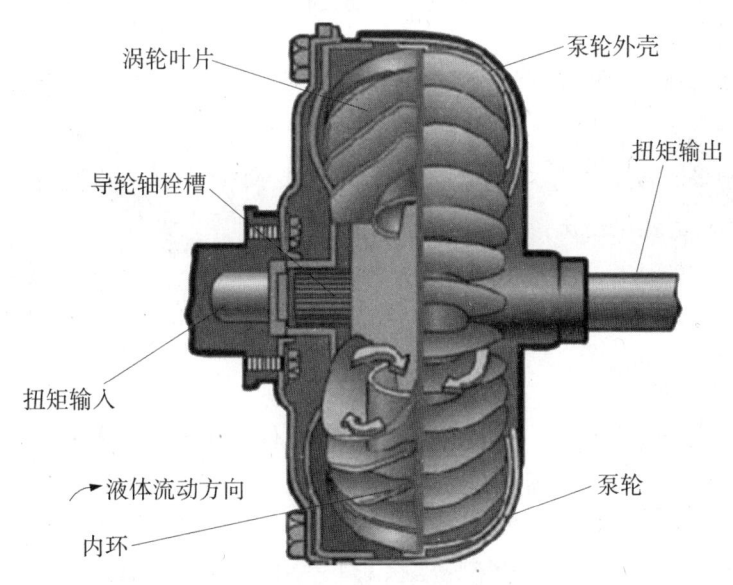

图 1-15　液力偶合器

3. 电磁离合器

电磁离合器靠线圈的通断电来控制离合器的接合与分离，如图 1-16 所示。如在主动件与从动件之间放置磁粉，则可以加强两者之间的接合力，这样的离合器称为磁粉式电磁离合器。

图 1-16 电磁离合器

(七) 离合器的结构

离合器由主动部分、从动部分、压紧机构和操纵机构四大部分组成，如图 1-17 所示。

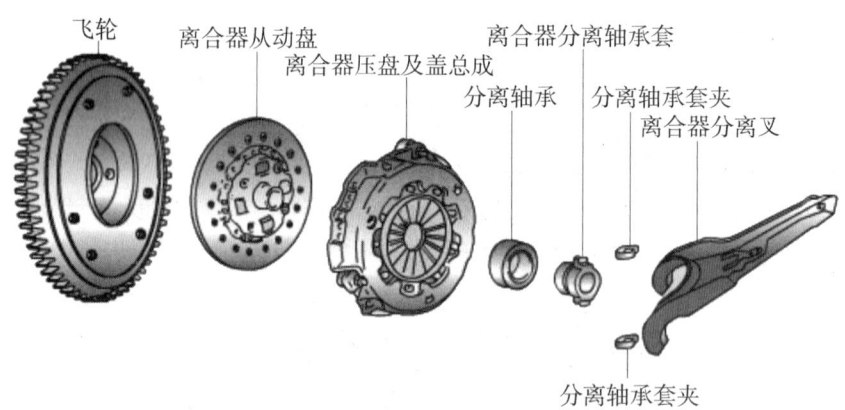

图 1-17 离合器的结构

1. 离合器主动部分

离合器主动部分包括飞轮、离合器盖和压盘等机件，如图 1-18 所示，它与发动机曲轴一起旋转。离合器盖用螺钉固定在飞轮上，压盘一般通过凸台或传动片与离合器盖连接，由飞轮带动旋转。分离或接合离合器时，压盘做少量的轴向移动。

图 1-18 离合器主动部分

2. 离合器从动部分

离合器从动部分是由单片、双片或多片从动盘所组成，它将主动部分通过摩擦传来的动力传给变速器的输入轴。从动盘由从动盘本体、摩擦片和从动盘毂三个基本部分组成，如图1-19所示。

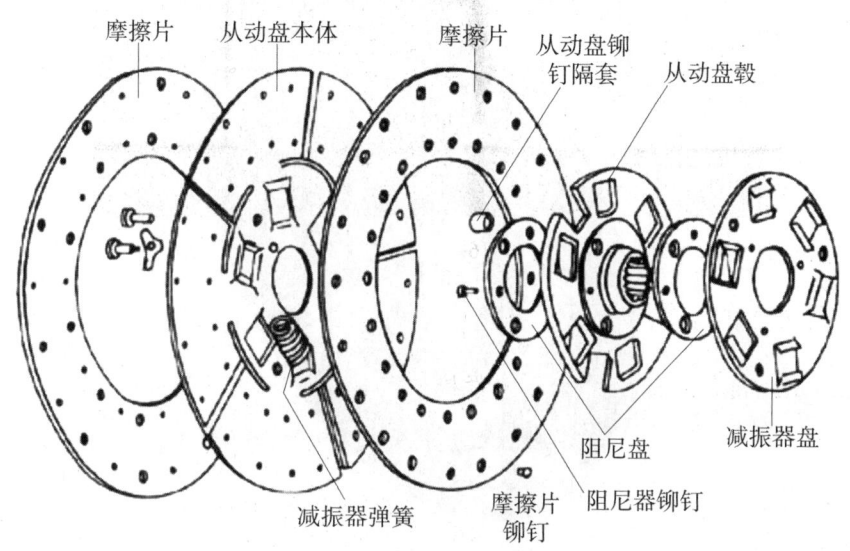

图1-19 离合器从动盘结构

离合器从动盘安装在飞轮与压盘之间，从动盘通过毂孔内花键与变速器输入轴连接，从动盘将发动机输出的动力通过飞轮与压盘作用在从动盘上的摩擦力传递给变速器的输出轴，从而驱动变速器旋转工作，如图1-20所示。

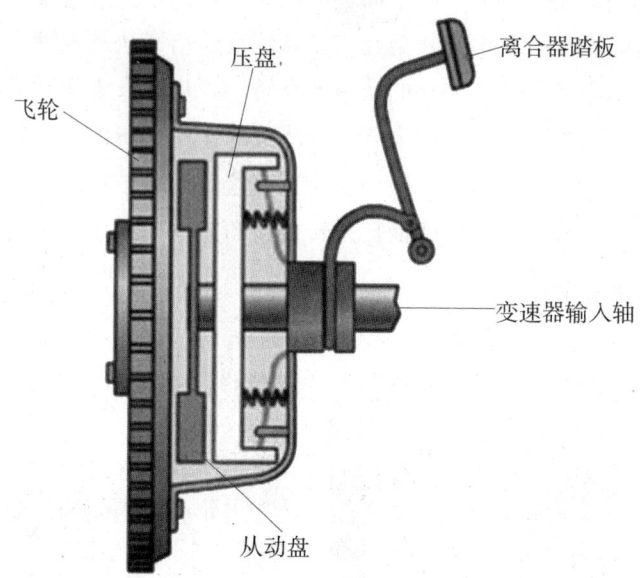

图1-20 离合器从动盘的功用

离合器从动盘分为带扭转减振器和不带扭转减振器两种，现代汽车普遍采用带扭转减振器的从动盘。为了避免转动方向的共振，缓和传动系受到的冲击载荷，离合器的从动盘上附装有扭转减振器（见图 1-21）。

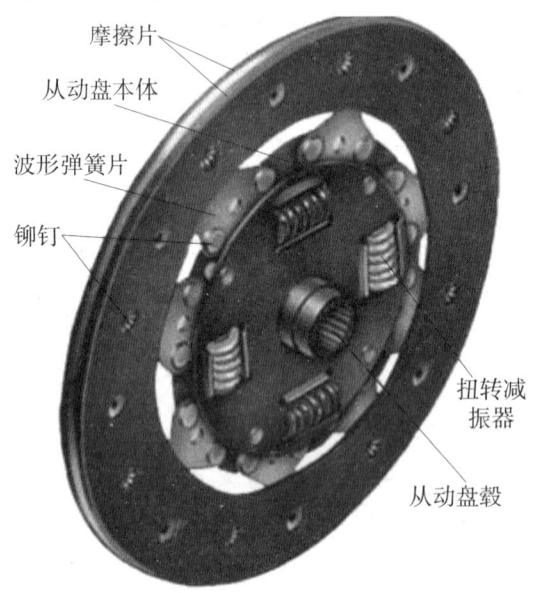

图 1-21　带扭转减振器的离合器从动盘

为了使汽车能平稳起步，离合器应能柔和接合，这就需要从动盘在轴向具有一定弹性。为此，往往在从动盘本体圆周部分，沿径向和周向切槽，再将分割形成的扇形部分沿周向翘曲成波浪形，两侧的两片摩擦片分别与其对应的凸起部分相铆接，这样从动盘被压缩时，压紧力随翘曲的扇形部分被压平而逐渐增大，从而达到接合柔和的效果。

离合器接合时，发动机发出的转矩经飞轮和压盘传给了从动盘两侧的摩擦片，带动从动盘本体和与从动盘本体铆接在一起的减振器盘转动。从动盘本体和减振器盘又通过六个减振器弹簧把转矩传给从动盘毂。因为有弹性环节的作用，所以传动系统受的转动冲击可以在此得到缓和。传动系统中的扭转振动会使从动盘毂相对于从动盘本体和减振器盘来回转动，夹在它们之间的阻尼片靠摩擦消耗扭转振动的能量，将扭转振动衰减下来。

（八）离合器压紧机构

离合器压紧机构按压紧弹簧的形式可分为周布弹簧式、中央弹簧式、膜片弹簧式三种。

压紧机构（见图 1-22）主要由螺旋弹簧或膜片弹簧组成，与主动部分一起旋转，它以离合器盖为依托，将压盘压向飞轮，从而将处于飞轮和盘压间的从动盘压紧。

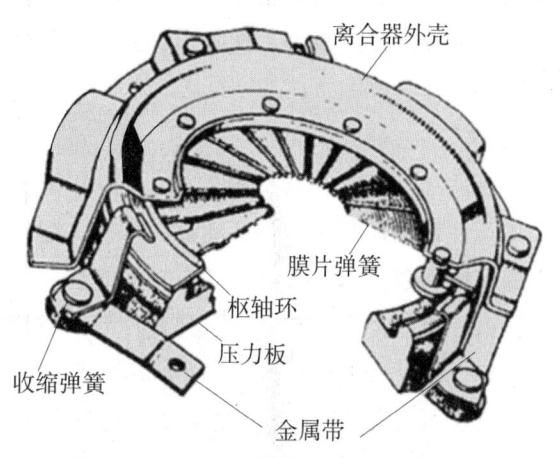

图1-22 膜片弹簧离合器压紧机构

1. 周布弹簧式离合器

螺旋弹簧分为沿周向布置和在中央布置两种。将一个圆柱形或圆锥形弹簧布置在中央的离合器称为中央弹簧式离合器。采用若干个螺旋弹簧作为压紧弹簧,并将这些弹簧沿压盘圆周分布的离合器称为周布弹簧式离合器,如图1-23所示。

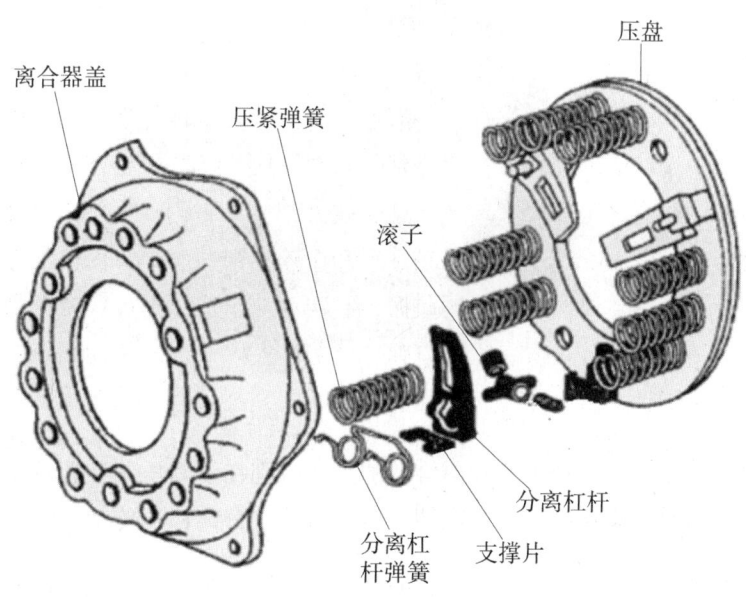

图1-23 周布弹簧式离合器

周布弹簧式离合器主要由主动和从动两部分组成。

(1) 主动部分。

发动机飞轮和压盘是离合器的主动部分,离合器盖通过定位销安装在飞轮上,保证同心,盖侧面有散热通风口,压盘的平面和飞轮的平面组成主动件的摩擦面,压盘与离合器盖通过传动片来传递扭矩。

周布弹簧式离合器主动部分的特点是：没有传动间隙，没有驱动部位磨损问题，维修量小，传动效率高，无冲击噪声及压盘定心性问题。缺点是：传动片反向承载能力差，汽车反拖时传动片易折断。

（2）从动部分。

从动部分主要部件是从动盘（含扭转减振器），由两片摩擦衬片、从动钢片、从动盘毂组成，从动盘钢片用薄弹簧钢片制成，与从动盘毂铆在一起，上边有辐射状槽以防止热变形。衬片具有较大的摩擦系数，从动盘钢片具有轴向弹性，可使离合器接合柔和，启动平稳。其连接方式为：钢片与前衬片铆在一起，弹簧片与后衬片铆在一起，最后盘片与弹簧片铆在一起。

周布弹簧式离合器从动部分的特点是：后衬片与钢片在从动盘自由状态时有一定间隙，在结合时弹性变形使压紧力逐渐增加产生轴向弹性，接合柔和。

2. 膜片弹簧式离合器

采用膜片弹簧作为压紧弹簧的离合器称为膜片弹簧式离合器，如图 1-24 所示。

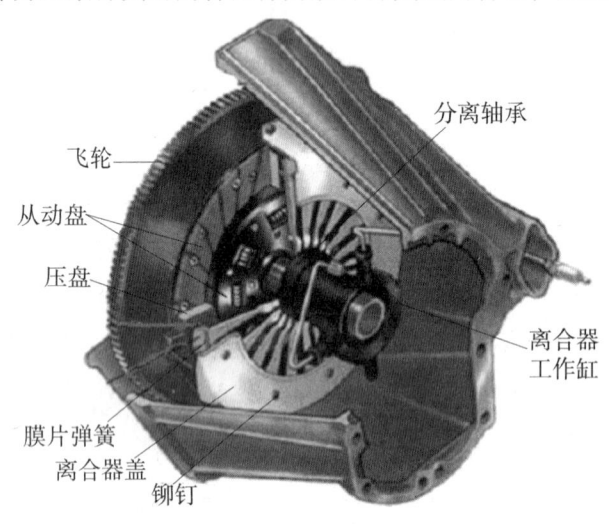

图 1-24 膜片弹簧式离合器

膜片弹簧式离合器与周布弹簧式离合器的主要区别在于其压紧装置的不同，其压紧装置由压盘、离合器盖、膜片弹簧、支承圈、定位铆钉、分离钩、传动片组成。

膜片弹簧式离合器的特点：

①与螺旋弹簧相比，膜片弹簧分离时的压力小于接合时的压力。

②当摩擦片变薄，螺旋弹簧弹性下降，而膜片弹簧弹力几乎不变。

③膜片弹簧式离合器具有结构简单、轴向尺寸小、良好的弹性性能、能自动调节压紧力、操纵轻便、高速时压紧力稳定、分离杠杆平整不需调整等特点，因而在中、小型汽车上得到广泛应用。

(九）离合器的工作原理

汽车离合器的工作原理如图 1-25 所示。

1. 接合状态

弹簧将压盘、飞轮及从动盘互相压紧，发动机的转矩经飞轮及压盘通过摩擦面的摩擦力矩传至从动盘。

2. 分离过程

踩下踏板，套在从动盘毂滑槽中的拨叉便推动从动盘克服压紧弹簧的压力右移而与飞轮分离，摩擦力消失，从而中断了动力传递。

3. 接合过程

缓慢地抬起离合器踏板，使从动盘在压紧弹簧压力作用下左移，与飞轮恢复接触，二者接触面间的压力逐渐增加，相应的摩擦力矩逐渐增加，离合器从完全打滑、部分打滑，直至完全接合。

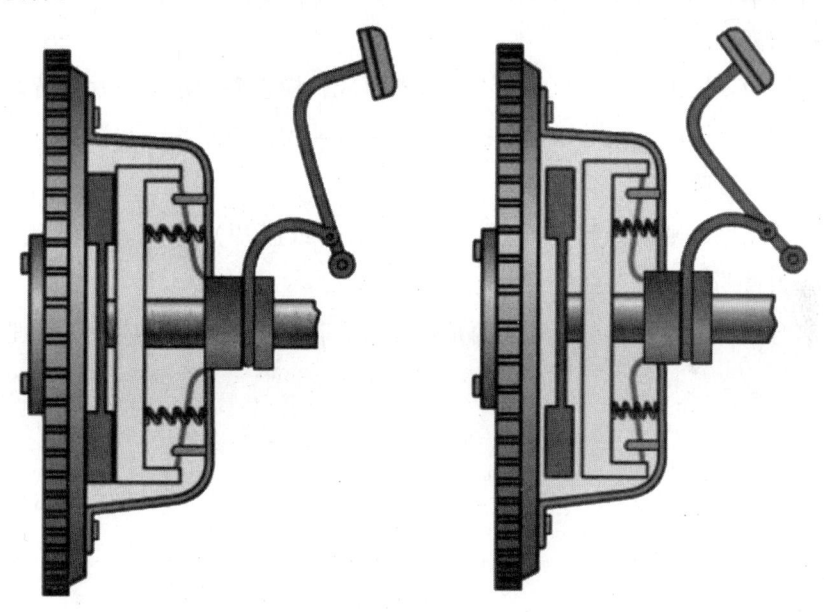

(a) 接合　　　　　　　(b) 分离

图 1-25　离合器的工作原理

（十）离合器打滑故障的诊断与检修

1. 故障现象

①汽车起步时，完全放松离合器踏板，汽车仍不能行走。

②汽车加速时，车速和发动机转速不同步。

③汽车重载、上坡时打滑较明显，严重时可嗅到离合器摩擦片的焦臭味。

2. 分析与诊断

①离合器踏板自由行程过小或为零，使压盘处于半分离状态。

②压紧弹簧或膜片弹簧过软或折断。

③摩擦片磨损过度变薄、表面硬化、铆钉外露或摩擦片沾有油污。

④离合器盖、飞轮的连接螺栓松动。

⑤离合器分离杆高度调整不当，其内端不在同一个平面上。

⑥离合器压盘磨损过度而过薄或变形。离合器打滑，动力不能有效地传递到驱动轮上。

3. 故障排除方法

①检查离合器踏板自由行程。如不符合要求，应予以调整。

②若自由行程符合要求，应拆下离合器底盖，检查离合器盖、飞轮的联接螺栓是否松动。

③若离合器盖、飞轮的连接无松动，再检查离合器分离杆内端高低。如不符合要求，应调整分离杆的高度。

④若经上述检查后仍然打滑，应拆下离合器总成，检查离合器摩擦片，若摩擦片磨损过度而变薄或铆钉头外露，应予以更换；若摩擦片有油污，应用汽油清洗并烘干，然后找出油污来源，予以排除。

⑤若摩擦片良好，则应分解离合器，检查压盘（或膜片）弹簧。若压盘（或膜片）弹簧变形或弹力过弱，应予以更换。

⑥检查离合器压盘或发动机飞轮表面是否变形。若变形量过大，应予以修理或更换。

任务二 离合器分离不彻底故障检修

班级：_____ 姓名：_____ 学号：_____ 日期：_____

学习任务	离合器分离不彻底故障检修	教学方法	任务驱动
学习目标	1. 能够执行离合器检修的操作规程，树立良好的安全文明操作意识； 2. 能说出汽车离合器操纵机构的功用、类型及组成； 3. 能够查阅维修手册或其它资源分析出离合器分离不彻底的故障原因； 4. 能够查阅维修手册或其它资源制订出离合器分离不彻底故障的检修计划； 5. 能够按照检修计划规范完成对离合器分离不彻底的故障检修		
学习准备	1. 工具、设备： 　汽车传动系统实验台、工具车、通用工具、钢直尺、透明塑料管与壶、网络资源。 2. 学习材料： 　维修手册、学习工作页、投影、白板笔、展示板、磁吸、彩纸卡片若干。 3. 耗材： 　抹布若干、化清剂		

一、明确学习任务

车主张先生购买了一辆 2012 年款东风日产骐达车，累计行程 25 320 公里。张先生有一天开车出行时发现：汽车起步时，将离合器踏板踏到底仍感到挂挡困难，虽强行挂上挡，但未放松踏板，汽车就向前移动或发动机自行熄火。变速时挂挡困难或挂不进挡位，变速器内发出齿轮撞击声。

要求维修技工按照维修接待前台提供的维修工单作业，查阅维修手册、参考相关资料，在整车上排除故障，使汽车离合器能正常工作，并最终检验合格后交付客户。

二、收集学习资料

1. 请查阅相关资料，并描述汽车离合器操作机构的功用。

2. 请查阅相关资料，在下图中的引出线处标注汽车离合器操作机构各组成部分的名称。

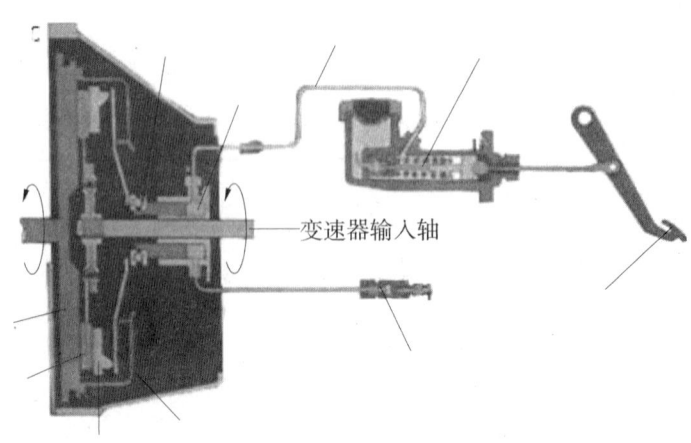

3. 汽车离合器操纵机构主要有_____、_____、_____三种类型。

4. 请查阅相关资料，根据下图描述离合器操纵机构的工作原理。

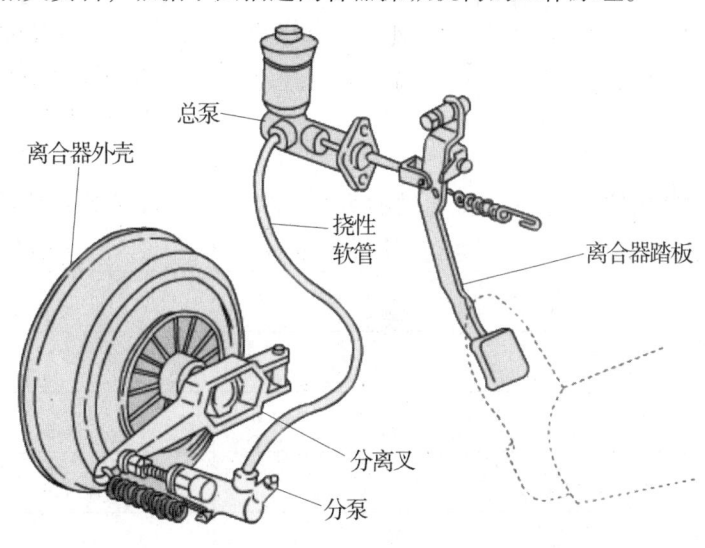

三、制订检修计划

1. 填写车辆信息

基本信息	车辆底盘号		车　型	
	发动机型号		累计里程	

2. 查阅维修手册或其它资源，分析可能导致离合器分离不彻底的故障原因，按先后顺序填写。

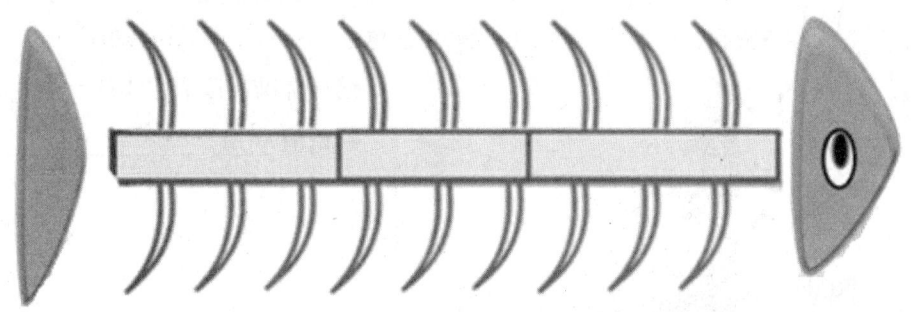

3. 请根据故障分析原因,并由简至繁在下表中列出离合器分离不彻底故障的检修步骤。

序号	检查项目	使用工具
1		
2		
3		
4		
5		
6		
7		
8		
9		

四、实施检修作业

(一) 离合器踏板的检查与调整

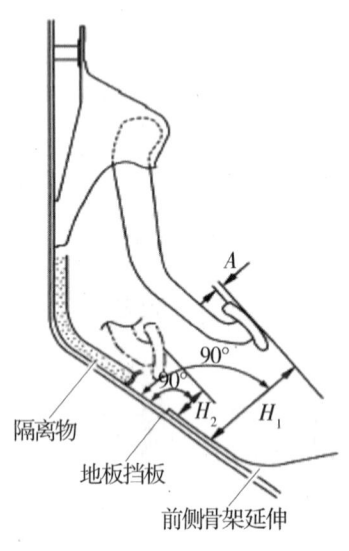

(1) 高度的检查。

从地板挡板的上表面算起,确保离合器的高度 H_1 在规定范围以内。如果踏板高度 H_1 超出规定值,调整离合器踏板高度。

踏板标准高度 H_1：163～173 mm

测量值_____mm

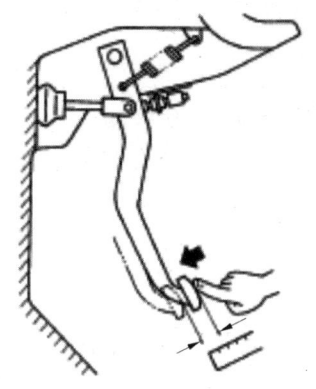

（2）自由行程的检查。

用手按下离合器踏板，直至感觉到一定的阻力，使用刻度尺确认自由行程在规定的范围内。

踏板的标准自由行程：2～8 mm

测量值_____ mm

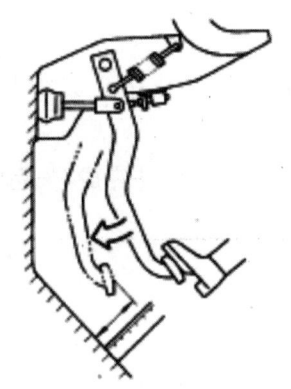

（3）间隙的检查。

启动发动机，使其怠速运转一段时间，使用驻车制动器，踩下制动踏板，将离合器踏板踩到底并换到1挡，缓慢释放制动踏板，使用刻度尺检查离合器踏板和地板的间隙，确认其在规定的范围内。

测量值_____ mm

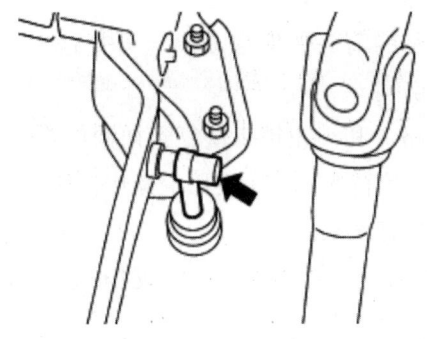

（4）离合器踏板的拆装。

①从离合器踏板总成上拆卸离合器开关线束卡箍；

②拆卸主缸的撑杆和离合器踏板总成；

③拆卸离合器踏板总成的固定螺母，然后从车辆上拆卸离合器踏板总成。

【拆卸完成/未完成】

（二）离合器油路空气排放

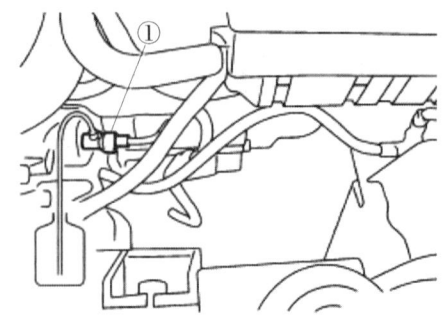

（1）加注新离合器液。

在离合器储液罐内装上新离合器液，在排空管连接器上连接上透明的塑料管，每隔 2～3s 缓慢并充分地"踩下""释放"离合器踏板，重复 15 次。

【完成/未完成】

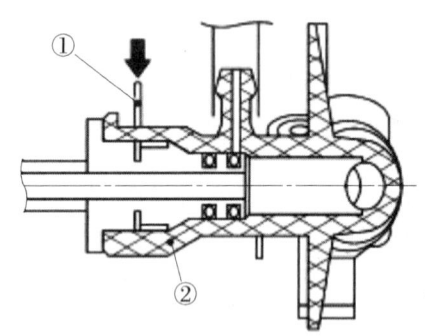

（2）按下锁止销。

按下排空管连接器 2 的锁止销 1 并保持该位置。

【完成/未完成】

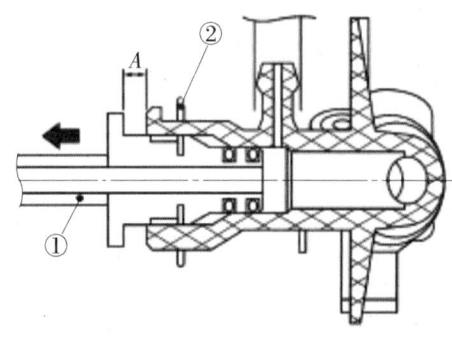

（3）排除管中的空气。

按照图中所示的箭头方向滑动离合器管路 1，然后排出管中的空气。

将离合器管路 1 和锁止销 2 恢复到初始位置，释放离合器踏板并等待 5 秒，重复以上操作，直到看不见离合器液中有气泡。

【完成/未完成】

五、学业评估

各学习小组进行自我评价、相互评价，完成学业评估表的相应内容填写。

学业评估表

项　目	评价内容			评价等级		
自我评价	学到的知识点：					
	学到的技能：					
	不理解的有：					
	还需要深入学习并提升的有：					
组内评价	○按时到场　　○工装齐备　　○书、本、笔齐全					
	○安全操作　　○责任心强　　○7S管理规范					
	○学习积极主动　○合理使用教学资源　○主动帮助他人					
	○接受工作分配　○有效沟通　　○高效完成工作任务					
组间评价	项目	本组	他组			
	计划的合理性					
	计划的执行性					
	工作完成度					
	优点					
	改进之处					
	其它					
小组评语及建议	他（她）做到了： 他（她）的不足： 给他（她）的建议：			组长签名： 年　　月　　日		
老师评语及建议				评价等级： 教师签名： 年　　月　　日		

六、相关知识

（一）离合器操纵机构的组成

离合器操纵机构主要由分离轴承、分离轴承座套、分离杠杆、分离拉杆、踏板、调节拉杆和拨叉等组成。分离轴承座套活套在离合器轴上，并可轴向移动。分离杠杆以某种方式支承在离合器盖上，通过分离拉杆与压盘连接，若干分离拉杆和分离杠杆沿压盘圆周均布。

离合器分离轴承的作用是在接合与分离过程中平滑、平稳地移动压板分离杠杆或膜片弹簧。离合器分离轴承（图2-1）通常是密封的，是预润滑的球轴承，属于易损件。

图2-1　离合器分离轴承

（二）离合器操纵机构的类型

离合器操纵机构有杆式、拉线式、液压式、弹簧助力式四种，其中液压式操纵机构广泛应用于现代汽车上。

1. 杆式离合器操纵机构

杆式离合器操纵机构结构最简单，由踏板、拉杆、调节叉、分离叉及复位弹簧等组成，通过调节叉来调节拉杆的长度，如图2-2所示，实现踏板自由行程的调节。杆式离合器可以消除位移和变形等缺点，多用于微型、轻型车。

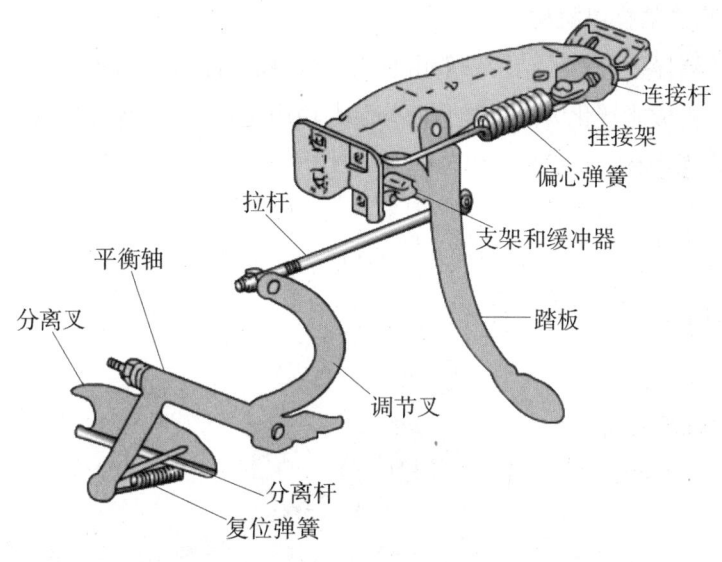

图2-2 杆式离合器操纵机构

2. 拉线式离合器操纵机构

离合器拉索（见图2-3）是一种免维护、免保养、免调整的拉索，具有自动补偿离合器分离自由行程的功能。当离合器摩擦片磨损后，通过拉索的自动调整机构的调节作用，可使拉索向下伸出一定量，以补偿自由行程，避免因磨损而带来的人工调整工作，并保证良好的传递转矩。

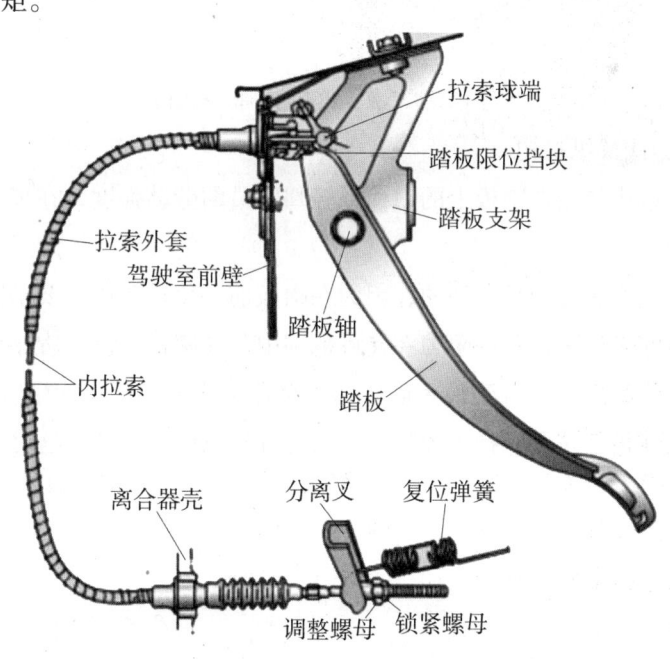

图2-3 拉线式离合器操纵机构

3. 液压式离合器操纵机构

液压式离合器操纵机构的结构一般由总泵、分泵和管路系统等组成,如图 2-4 所示。总泵的功用是将机械能转化为液压能,而分泵的功用是将液压能转化为机械能。液压式离合器操纵机构的优点有:

①活塞皮圈在主缸内滑动,无刮伤现象;

②由阀门控制回路的开启和关闭,油路通面大,回流大,放松速度快;

③油路中的空气随时可自然排空。

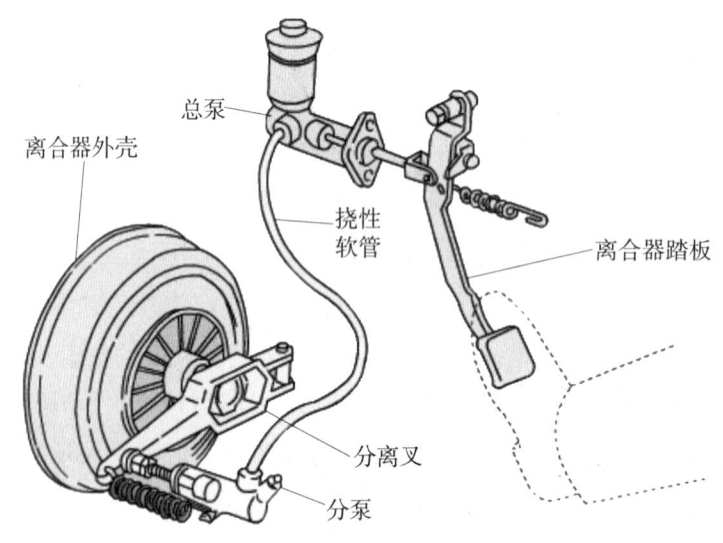

图 2-4 液压式离合器操纵机构

4. 弹簧助力式操纵机构

为了尽可能减小作用在踏板上的力,减轻驾驶员的劳动强度,在离合器操纵机构中装有助力弹簧(见图 2-5)。

助力作用由负变正过程是允许的,因为在踏板前一段行程中,要消除自由间隙,离合器压紧弹簧的压缩力不大,总的阻力在允许范围内。在踏板后段行程中,压紧弹簧的压缩量和相应的作用力继续增大直到最大值。在离合器彻底分离后,为了变速器换挡和制动,往往需要将踏板在最低位置保持一段时间,由此导致驾驶员疲劳,这时最需助力。

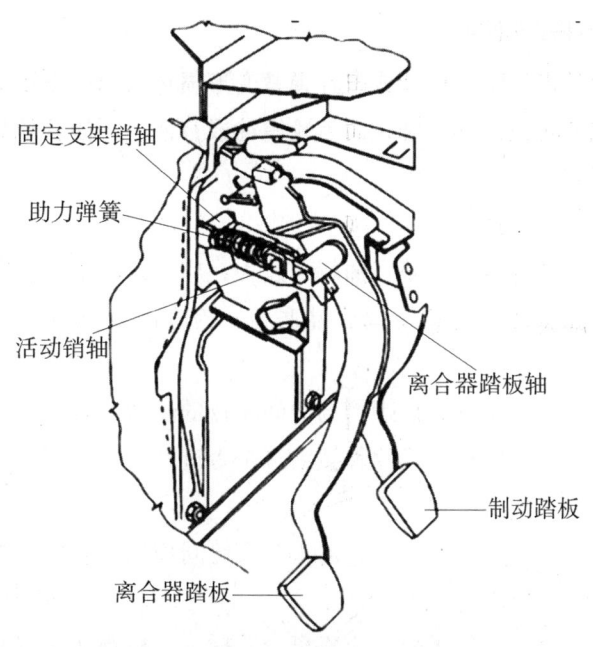

图 2-5 弹簧助力式离合器操纵机构

（三）驾乘人员对离合器的要求

（1）具有合适的储备能力，既能保证传递发动机最大转矩，又能防止传动系过载。
（2）接合平顺柔和，以保证汽车平稳起步。
（3）分离迅速彻底，便于换挡和发动机启动。
（4）具有良好的散热能力。
（5）操纵轻便，以减轻驾驶员的疲劳。
（6）从动部分的转动惯量应尽量小，以减小换挡时的冲击。

（四）离合器分离不彻底故障的诊断与检修

1. 故障现象

汽车起步时，将离合器踏板踏到底仍感到挂挡困难，虽强行挂上挡，但未放松踏板，汽车就向前移动或发动机自行熄火。变速时挂挡困难或挂不进挡位，变速器内发出齿轮撞击声。

2. 分析与诊断

①离合器踏板自由行程过大。
②分离杆（或膜片弹簧）内端不在同一平面上。
③双片离合器中间压盘限位螺钉调整不当。
④从动盘翘曲，铆钉松脱或新更换的摩擦片过厚。
⑤从动盘方向装反。

⑥飞轮或压盘端面挠曲变形。
⑦压紧弹簧弹性不一、个别折断或膜片弹簧变形损坏。
⑧从动盘花键孔与变速器输入轴花键齿轮锈蚀或有油污，使从动盘移动困难。
⑨离合器操纵系统漏油或有空气。

3. 故障排除

①检查离合器踏板自由行程，若自由行程过大，应予以调整。

②若自由行程符合要求，应拆下离合器底盖，检查离合器盖、飞轮的联接螺栓是否松动。

③对于双片离合器，应检查限位螺钉与中间压盘的间隙。若不符合要求应予以调整。

④对于膜片式离合器，应检查膜片弹簧内端是否过软、磨损是否过多或折断，若过软或有折断，应予以更换。

⑤若属于新换摩擦片过厚，可在离合器盖与飞轮间增加适当厚度的垫片予以调整，但各垫片厚度应一致。

⑥若经上述检查调整后若仍无效，应将离合器拆下，检查从动盘是否装反。从动盘的安装方向若装反，应重新组装。

⑦检查从动盘在变速器输入轴花键齿上移动是否灵活。清除锈蚀和油污，检查从动盘有无铆钉松脱和翘曲变形。若不符合要求，应予更换。

⑧经上述检查调整后若仍无效，应分解检查离合器总成，分别检查压盘（或膜片）弹簧、离合器压盘及发动机飞轮表面，予以修理或更换。

⑨对于液压操纵式离合器，若离合器总成经检查调整后仍分离不彻底，应检查操纵系统有无漏油现象，并对操纵系统进行排气。

项目二

变速器故障检修

任务三 变速器换挡困难故障检修

班级：_____ 姓名：_____ 学号：_____ 日期：_____

学习任务	变速器换挡困难故障检修	教学方法	任务驱动
学习目标	1. 能够执行变速器检修的操作规程，树立良好的安全文明操作意识； 2. 能说出汽车变速器的功用、类型及组成； 3. 能够查阅维修手册或其它资源分析出变速器换挡困难的故障原因； 4. 能够查阅维修手册或其它资源制订出变速器换挡困难故障的检修计划； 5. 能够按照检修计划规范完成对变速器换挡困难故障的检修		
学习准备	1. 工具、设备： 　汽车传动系统实验台、工具车、通用工具、拉拔器、销冲、变速器油加注机、变速器维修专用工具及网络资源。 2. 学习材料： 　维修手册、学习工作页、投影、白板笔、展示板、磁吸、彩纸卡片若干。 3. 耗材： 　抹布若干、化清剂、润滑脂、齿轮油		

一、明确学习任务

车主张先生购买了一辆2012年款东风日产骐达车,累计行驶了68 450公里。张先生有一天开车出行时发现:换挡时变速杆操作沉重,不能挂入挡位,或勉强挂上挡后又很难退回空挡。

要求维修技工按照维修接待前台提供的维修工单作业,查阅维修手册、参考相关资料,在整车上排除故障,使汽车变速器能正常工作,并最终检验合格后交付客户。

二、收集学习资料

1. 请查阅相关资料,并描述汽车变速器的功用。

2. 请查阅相关资料,在下图的引出线处标注汽车变速器各组成部分的名称。

3. 请问下图是二轴式变速器还是三轴式变速器？并在下图中用箭头标注第三挡动力传递路径。

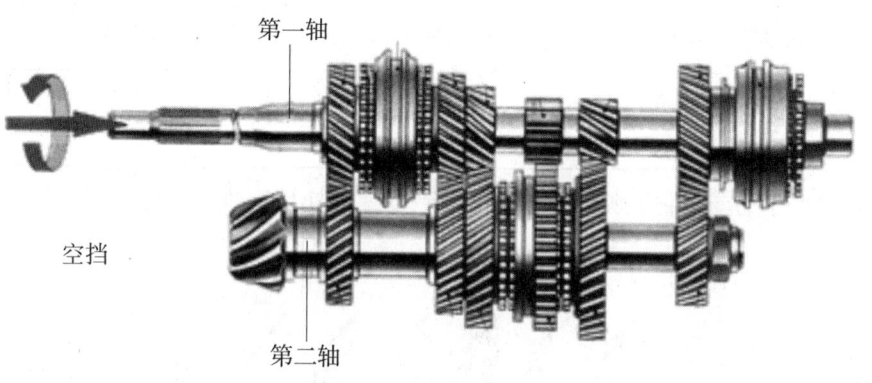

4. 变速器按传动比变化方式不同可分为＿＿＿＿＿＿＿＿、＿＿＿＿＿＿＿＿、＿＿＿＿＿＿＿＿三种类型。

5. 请查阅相关资料，判断下图中哪个是减速传动，哪个是增速传动，哪个是增扭传动，哪个是降扭传动？

三、制订检修计划

1. 填写车辆信息

基本信息	车辆底盘号		车　型	
	发动机型号		累计里程	

2. 查阅维修手册或其它资源，分析可能导致变速器换挡困难的故障原因，按先后顺序填写。

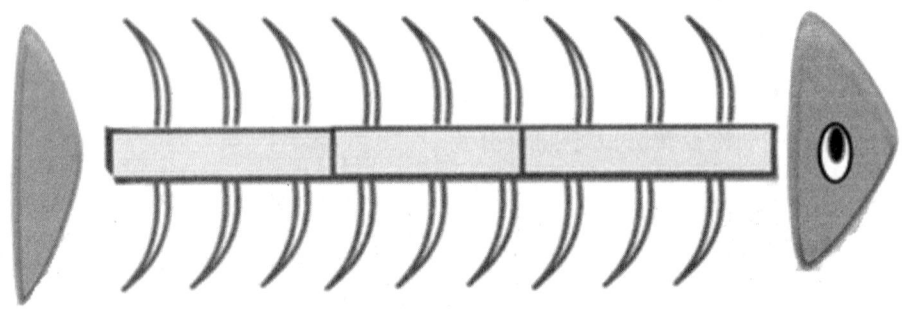

3. 请根据故障分析原因，并由简至繁在下表中列出变速器换挡困难故障的检修步骤。

序号	检查项目	使用工具
1		
2		
3		
4		
5		
6		
7		
8		
9		

四、实施检修作业

（一）变速器的结构

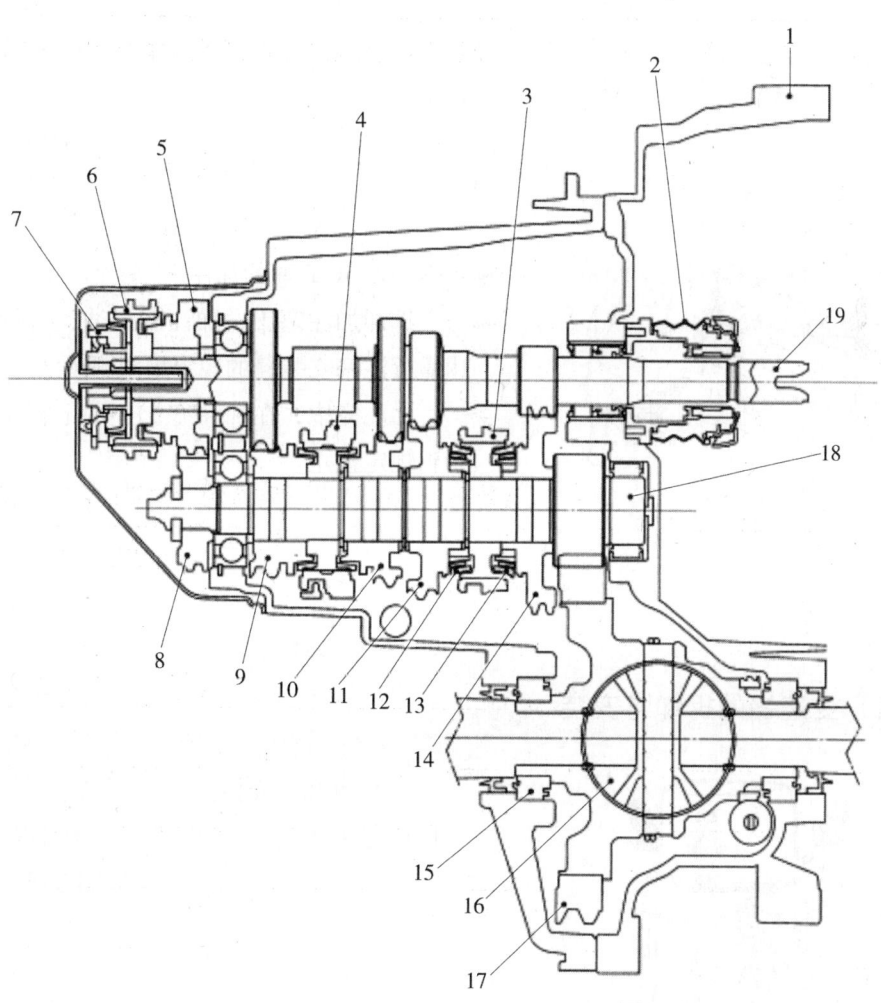

1—离合器壳体　　　　2—CSC（同轴从缸）　　　　3—1挡-2挡同步器总成
4—3挡-4挡同步器总成　5—5挡输入齿轮　　　　　　6—5挡-倒挡同步器总成
7—倒挡同步器锥体　　　8—5挡主齿轮　　　　　　　9—4挡主齿轮
10—3挡主齿轮　　　　　11—2挡主齿轮　　　　　　　12—2挡双锥面同步器
13—1挡双锥面同步器　　14—1挡主齿轮　　　　　　　15—差速器侧轴承
16—差速器总成　　　　　17—主传动齿轮　　　　　　18—主轴
19—输入轴

（二）更换 M/T 油

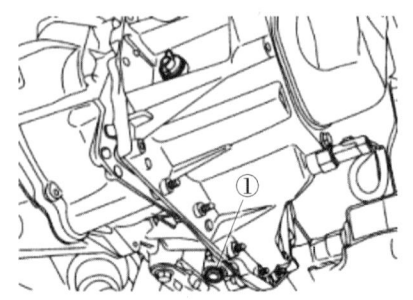

（1）M/T 油的排空。

启动发动机，使变速驱动桥升温，然后关闭发动机，拆卸放油塞①，排空机油。

待 M/T 油全部放尽后，在放油塞①上加上衬垫，然后安装到变速驱动桥上，并拧紧到规定扭矩。

【完成/未完成】

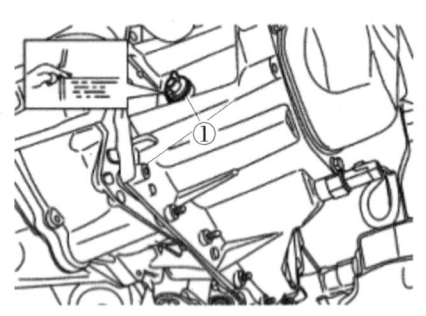

（2）M/T 油的加注。

拆卸加注塞①，加注新机油，直到油位到达靠近注塞安装孔的规定极限附近。

加注完毕，在加注塞①上加上衬垫，并拧紧到规定扭矩。

【完成/未完成】

（三）变速器的拆卸与安装

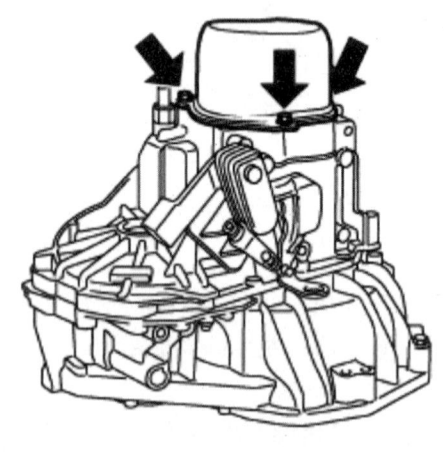

（1）拆卸后壳体。

从变速箱壳上拆卸后壳体与 O 形圈。

【拆卸完成/未完成】

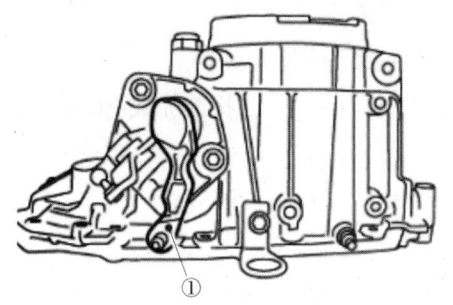

（2）切换至 3 挡位置。

将控制轴总成上的换挡杆①切换至 3 挡齿轮位置。

注：如果不这样做，变速箱壳便不能从离合器壳体上分离。挡齿轮位置意味着控制轴总成的换挡杆被完全顺时针转动到底并倒回约 10°。

【完成/未完成】

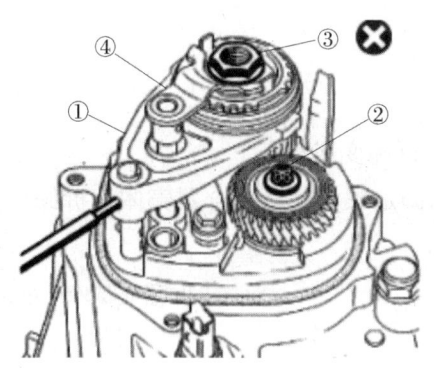

（3）拆卸主轴螺栓及输入轴螺母。

推动 5 挡 – 倒挡换挡拨叉①，然后切换到 5 挡位置。

拆卸主轴螺栓②以及输入轴螺母③。

拆卸倒挡齿轮通道总成④固定螺栓。

使用销冲，拆卸 5 挡 – 倒挡换挡拨叉①上的固定销。

从 5 挡 – 倒挡同步器轮毂上拆卸 5 挡 – 倒挡换挡拨叉①，倒挡齿轮通道总成④以及 5 挡 – 倒挡联接套筒。

【拆卸完成/未完成】

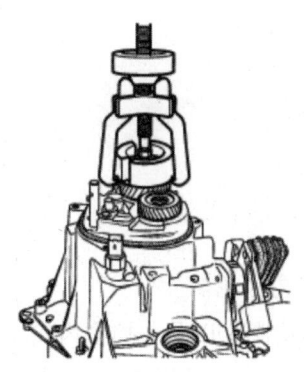

（4）拆卸 5 挡 – 倒挡同步器轮毂。

使用拉具，从输入轴上拆卸 5 挡 – 倒挡同步器轮毂。

拆卸 5 挡挡圈与 5 挡输入齿轮。

【拆卸完成/未完成】

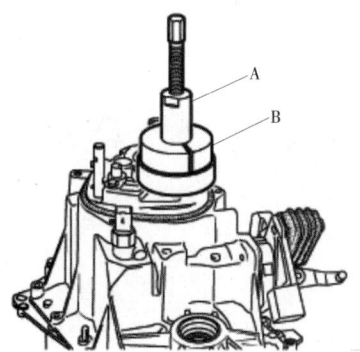

（5）拆卸 5 挡主齿轮。

使用拉具，从输入轴上拆卸 5 挡主齿轮。

【拆卸完成/未完成】

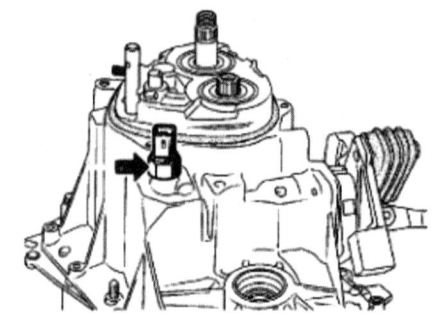

（6）拆卸位置开关。

从变速箱壳拆下位置开关。

【拆卸完成/未完成】

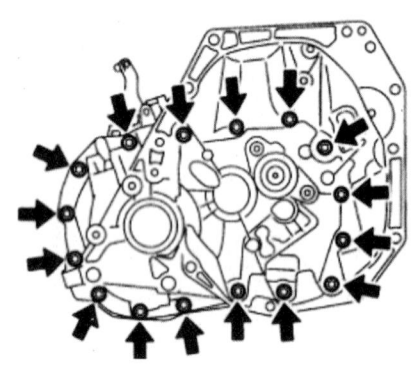

（7）拆卸变速箱壳。

拆卸固定螺栓，从离合器壳体上拆卸变速箱壳。

【拆卸完成/未完成】

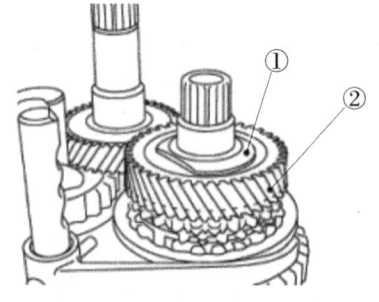

（8）拆卸4挡主齿轮。

从主轴上拆卸垫圈①以及4挡主齿轮②。

【拆卸完成/未完成】

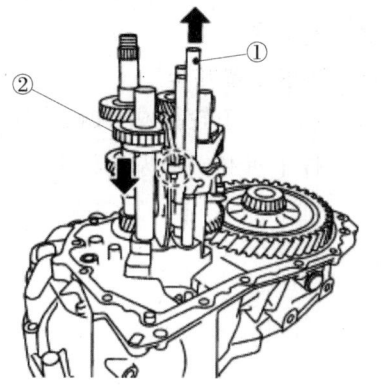

(9) 拆卸5挡－倒挡拨叉杆。

抬起5挡－倒挡拨叉杆①，直到与倒挡齿轮总成②的棘爪结合。

压下倒挡齿轮总成②的齿轮，然后从离合器壳体上拆卸5挡－倒挡拨叉杆①。

【拆卸完成/未完成】

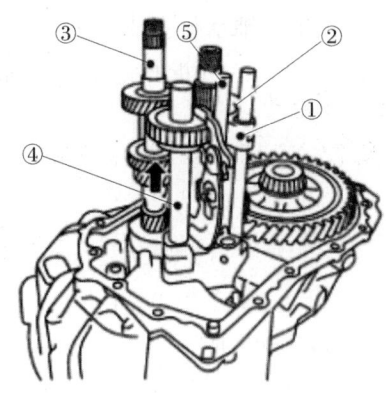

(10) 拆卸3挡－4挡拨叉杆总成。

拆卸4挡挡圈，在3挡－4挡同步器总成上插入槽键与弹簧。

抬起倒挡齿轮总成④的齿轮。

抬起1挡－2挡拨叉杆⑤，然后保持在空挡位置。

一起拆卸3挡－4挡拨叉杆总成①，3挡－4挡联接套筒②以及输入轴总成③。

【拆卸完成/未完成】

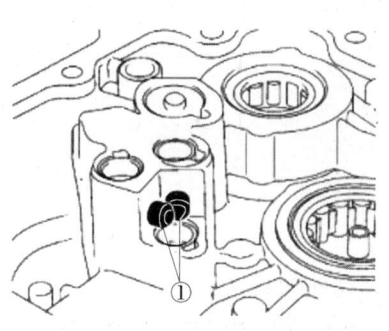

(11) 拆卸锁止销。

从离合器壳体上拆卸锁止销①。

【拆卸完成/未完成】

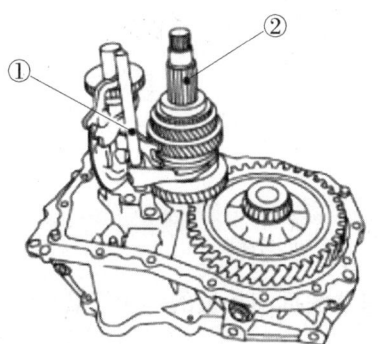

(12) 拆卸1挡－2挡拨叉杆总成。

从离合器壳体上拆卸1挡－2挡拨叉杆总成①以及主轴总成②。

【拆卸完成/未完成】

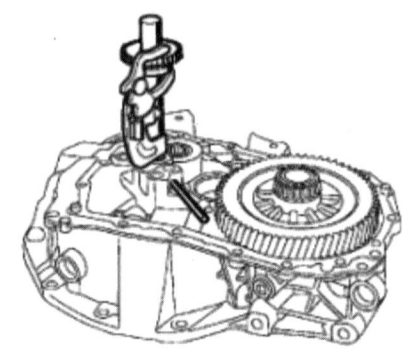

(13) 拆卸倒挡齿轮。

使用销冲,从倒挡齿轮总成上拆卸固定销。从离合器壳体上拆卸倒挡齿轮总成。

【拆卸完成/未完成】

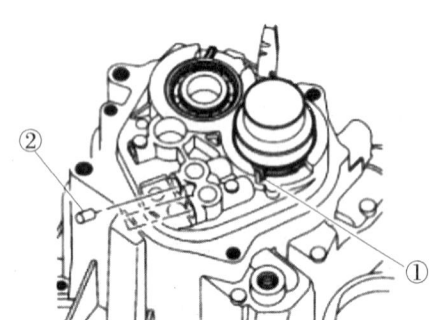

(14) 拆卸后轴承。

使用冲头,在卡环①伸开的情况下,压紧变速箱壳上的输入轴后轴承与主轴后轴承。

【拆卸完成/未完成】

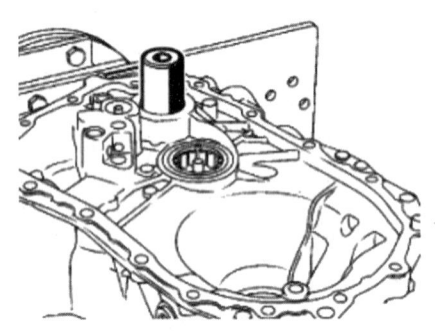

(15) 拆卸输入轴前轴承。

使用合适的冲头,从离合器壳体上拆卸输入轴油封以及输入轴前轴承。

【拆卸完成/未完成】

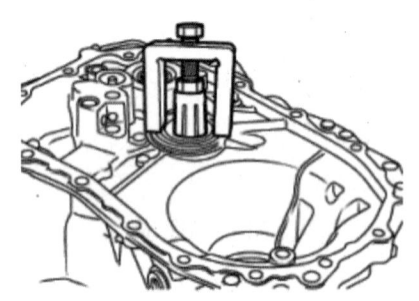

(16) 拆卸主轴前轴承。

使用阀座拆卸器,从离合器壳体上拆卸主轴前轴承以及机油通道。

【拆卸完成/未完成】

(17) 变速器的安装

按变速器的拆卸相反的顺序安装变速器。

（四）输入轴与齿轮的检查

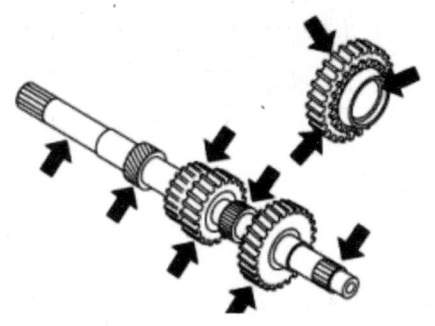

（1）输入轴与齿轮的外观检查。

若输入轴出现损坏、剥离、凹陷、不均匀磨损、弯折以及其它非正常状态，都须进行更换。

若齿轮出现过度磨损、损坏、剥离以及其它非正常状态，都须进行更换。

【正常/更换】

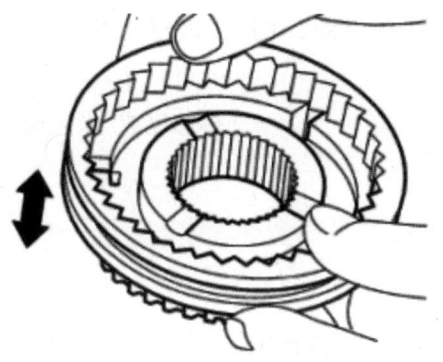

（2）同步器的检查。

①若联接套筒、同步器轮毂接触面毁损或过度磨损，则须更换。

联接套筒与同步器轮毂应当转动平顺。

【正常/损毁/平顺】

②如果挡圈凸面或者插入的工作面出现裂纹、毁损，或者过度磨损，也应予以更换。

【正常/损毁】

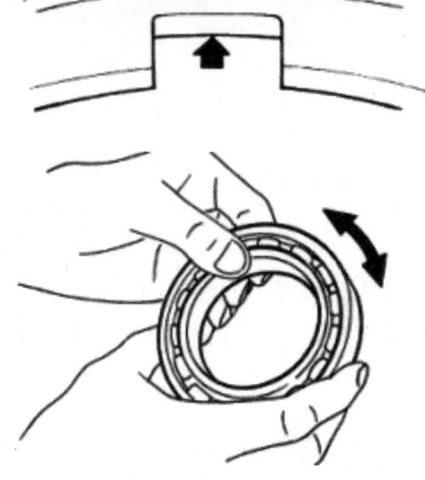

（3）轴承的检查。

若轴承毁损或者转动不良，要及时更换新的轴承。

【正常/毁损/不良】

（五）主轴与齿轮的检查

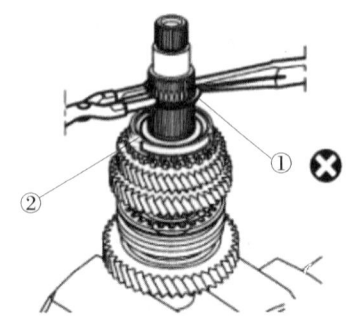

（1）主轴与齿轮的解体。
①拆卸卡环①与止推环②。
【拆卸完成/未完成】

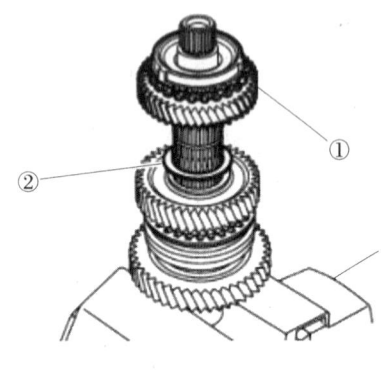

②拆卸3挡挡圈，3挡主齿轮①以及止推环②。
【拆卸完成/未完成】

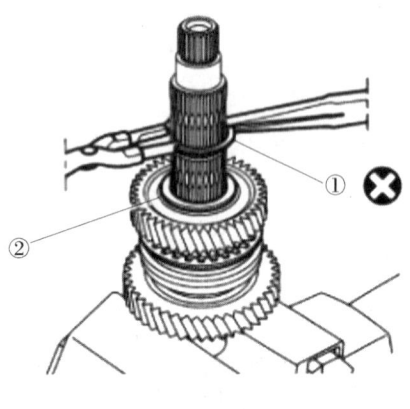

③拆卸卡环①与止推环②。
【拆卸完成/未完成】

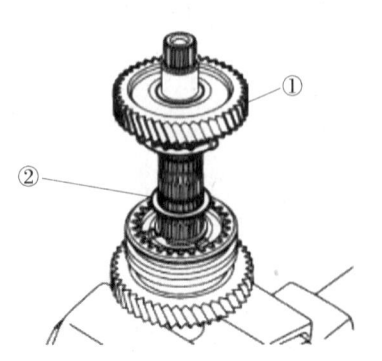

④拆卸2挡主齿轮①与止推环②。
【拆卸完成/未完成】

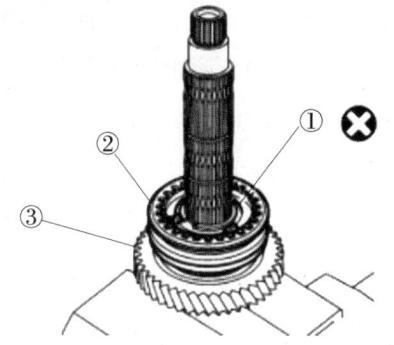

⑤拆卸卡环①，1挡－2挡同步器轮毂总成②以及1挡主齿轮③。

【拆卸完成/未完成】

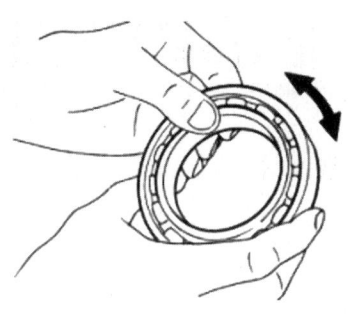

（2）主轴与齿轮的检查。

若主轴出现损坏、剥离、凹陷、不均匀磨损、弯折以及其它非正常状态，则须更换。

齿轮出现过度磨损、损坏、剥离以及其它非正常状态，则须更换。

【正常/毁损】

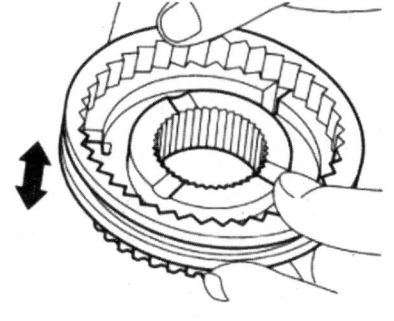

（3）同步器的检查。

①若联接套筒、同步器轮毂接触面出现毁损或过度磨损，则须更换。

联接套筒与同步器轮毂应当转动平顺。

【正常/毁损/不良】

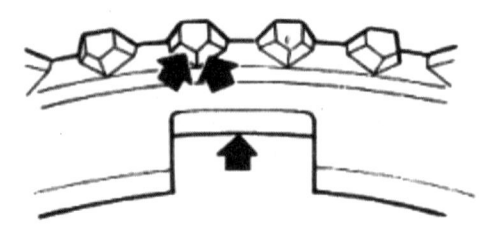

②如果挡圈凸面或者插入的工作面出现裂纹、毁损，或者过度磨损，应予以更换。

【正常/毁损】

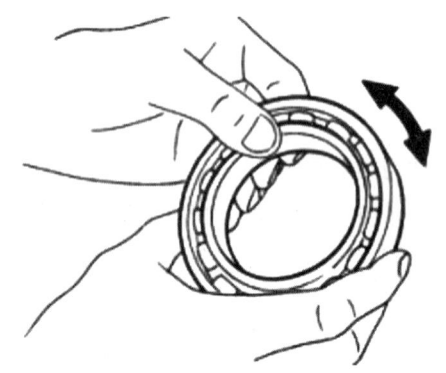

（4）轴承的检查。

若轴承毁损或者转动不良，要及时更换新的轴承。

【正常/不正常】

（5）主轴与齿轮的安装。

按主轴与齿轮解体的相反顺序安装主轴与齿轮。

五、学业评估

各学习小组进行自我评价、相互评价，完成学业评估表的相应内容填写。

学业评估表

项 目	评价内容	评价等级		
		😎	🙂	☹️
自我评价	学到的知识点：			
	学到的技能：			
	不理解的有：			
	还需要深入学习并提升的有：			
组内评价	○按时到场　　○工装齐备　　○书、本、笔齐全 ○安全操作　　○责任心强　　○7S管理规范 ○学习积极主动　○合理使用教学资源　○主动帮助他人 ○接受工作分配　○有效沟通　○高效完成工作任务			
组间评价	项目	本组	他组	
	计划的合理性			
	计划的执行性			
	工作完成度			
	优点			
	改进之处			
	其它			
小组评语及建议	他（她）做到了： 他（她）的不足： 给他（她）的建议：	组长签名： 　年　　月　　日		
老师评语及建议		评价等级： 教师签名： 　年　　月　　日		

六、相关知识

（一）变速器的功用

汽车变速器具有如下功用：

①改变传动比，扩大驱动轮转矩和转速的变化范围，以适应经常变化的行驶条件，同时使发动机在有利（功率较高而油耗较低）的工况下工作。

②在发动机旋转方向不变情况下，使汽车能倒退行驶。

③利用空挡，中断动力传递，使发动机能够启动、怠速，并便于变速器换挡或进行动力输出。

（二）变速器的结构

变速器由变速传动机构和变速操纵机构两部分组成，如图 3-1 所示。变速传动机构的主要作用是改变转矩和转速的数值和方向；操纵机构的主要作用是控制传动机构，实现变速器传动比的变换，即实现换挡，以达到变速变矩。

图 3-1 变速器的结构

变速器传动比小的挡位称为高挡，传动比大的挡位称为低挡。齿轮安装在不同的平行轴上，有的齿轮与轴固定，有的齿轮空套在轴上，通过结合装置将空套的齿轮固定来实现不同挡位的动力的传递。根据主要轴的数目可分为两轴式变速器（见图 3-2）和三轴式变速器（见图 3-3）。

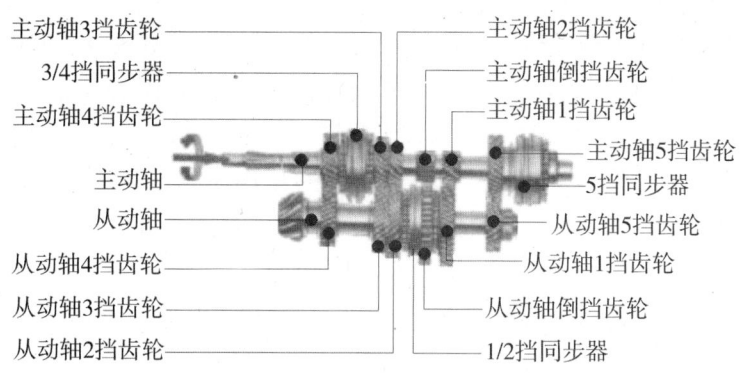

图 3-2 两轴式变速器

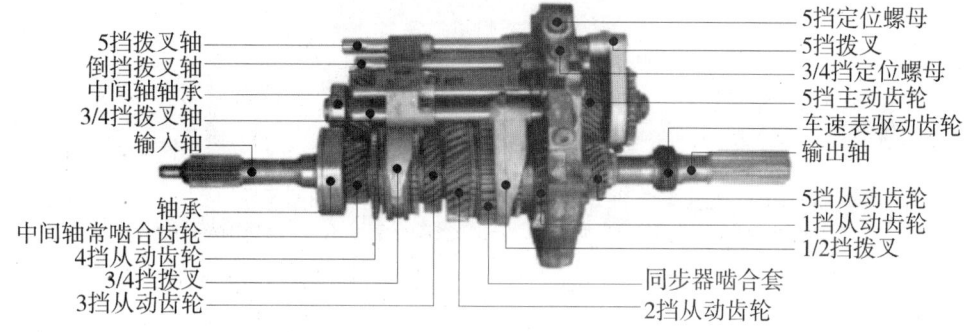

图 3-3 三轴式变速器

1. 两轴式变速器

两轴式变速器多应用在发动机前置前轮驱动（轿车）或发动机后置后轮驱动（客车）的汽车上，其特点是结构比较紧凑。第一轴和第二轴之间在前进挡位时只有一对齿轮啮合，在倒挡位多一个中间齿轮，因而机械效率高，噪声小。

（1）基本结构。

如图 3-4 为桑塔纳 2000GSi 轿车用的 330 型两轴式变速器的结构图。

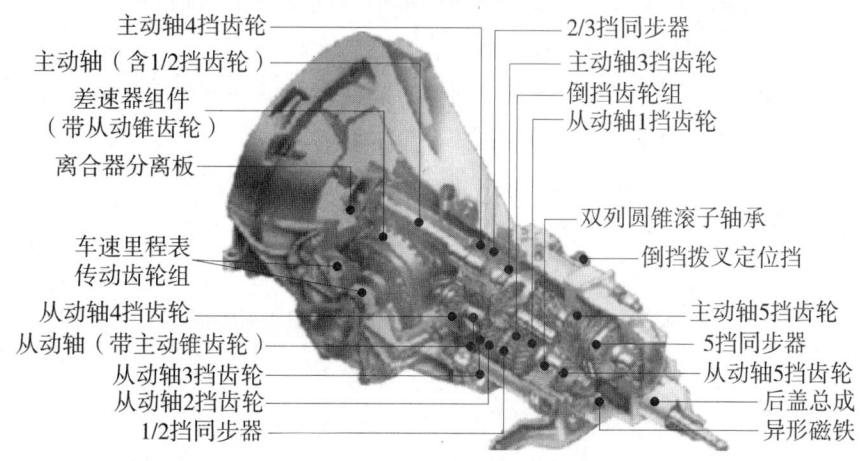

图 3-4 两轴式变速器的结构

（2）动力传递路线。

该变速器有 5 个前进挡位和 1 个倒挡位。操纵变速杆，通过接合套的移动，即可实现不同传动比的动力传递。

2．三轴式变速器

三轴式变速器除有第一轴、第二轴外，还增设了中间轴。其特点是空间布置比较灵活，传动比的范围大，可设有直接挡传动。

（1）基本结构。

三轴式变速器的基本结构如图 3-5 所示。

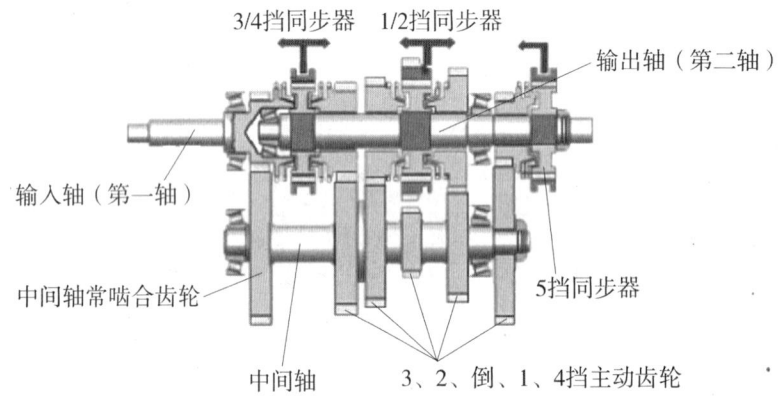

图 3-5 三轴式变速器的结构

（2）动力传递路线及传动比。

三轴式变速器的动力传递如图 3-6 所示。

各挡位动力传递路径：

1 挡：第一轴→第一轴常啮合齿轮→中间轴常啮合齿轮→中间轴→中间轴上 1 挡齿轮→第二轴 1 挡齿轮→1/2 挡同步器→第二轴

2 挡：第一轴→第一轴常啮合齿轮→中间轴常啮合齿轮→中间轴→中间轴上 2 挡齿轮→第二轴 2 挡齿轮→1/2 挡同步器→第二轴

3 挡：第一轴→第一轴常啮合齿轮→中间轴常啮合齿轮→中间轴→中间轴上 3 挡齿轮→第二轴 3 挡齿轮→3/5 挡同步器→第二轴

4 挡：第一轴→第一轴常啮合齿轮→中间轴常啮合齿轮→中间轴→中间轴上 4 挡齿轮→第二轴 4 挡齿轮→4 挡同步器→第二轴

5 挡：第一轴→3/5 挡同步器→第二轴

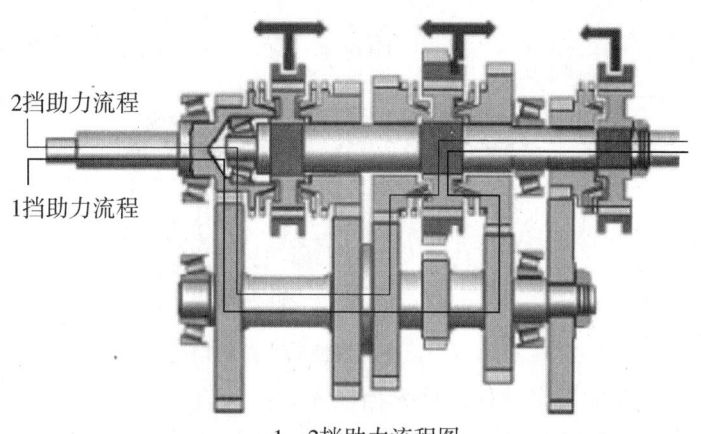

1、2挡助力流程图

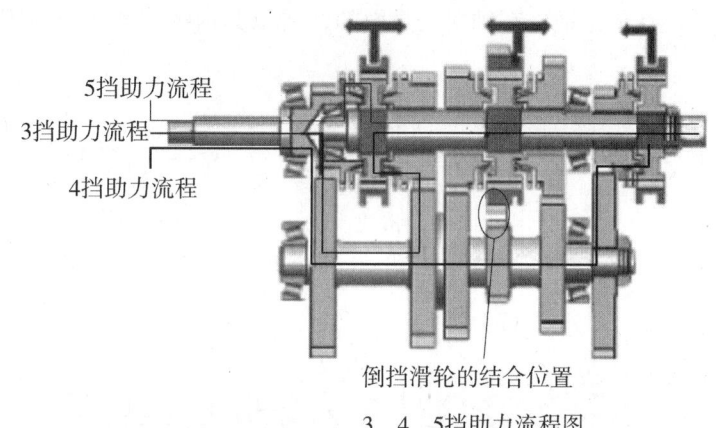

3、4、5挡助力流程图

图3-6 三轴式变速器的动力传递

3. 同步器的结构及工作原理

同步器有常压式、惯性式、自行增力式等种类。常压式同步器工作可靠性不高，目前较少采用。广泛采用的是惯性式同步器，它由同步装置（包括推动件、摩擦件）、锁止装置和接合装置组成。

惯性同步器有锁环式和锁销式等形式。锁环式惯性同步器的构造如图3-7所示，它由锁环滑块、弹簧圈、花键毂及接合套等组成。

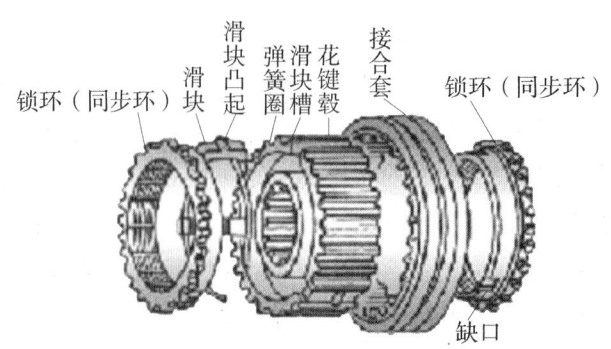

图3-7 锁环式惯性同步器的构造

锁环式惯性同步器的工作过程（用3挡挂入4挡（直接挡）来说明其工作过程）：当接合套刚从3挡退出到空挡位置时（见图3-8a），接合齿圈（与齿轮制成二体）、接合套与锁环在惯性作用下，继续沿原方向转动。设它们的转速分别为n_4、n_7和n_5，则此时$n_5 = n_7$，$n_4 > n_7$，即$n_4 > n_5$。锁环在轴向是自由的，所以其内锥面与接合齿圈的外锥面并不接触。

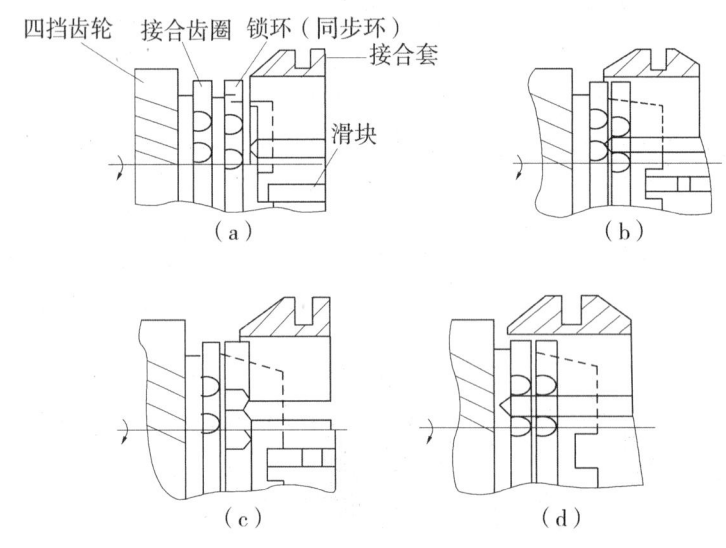

图3-8 锁环式惯性同步器的工作过程

若要挂入4挡，驾驶员通过操纵机构拨动接合套并带动滑块一同向左移动。当滑块左端面与锁环口的内端面接触时，便推动锁环移向接合齿圈，使具有转速差（$n_4 > n_5$）的两锥面一经接触便产生摩擦作用。接合齿圈通过摩擦作用带动锁环相对于接合套超前二个角度，到锁环缺口的另一个侧面与滑块接触时，锁环便与接合套同步转动。由于滑块已紧靠锁环缺口的一侧，位于缺口中央时，接合套花键齿相对于锁环花键齿错开了约半个齿厚，使接合套的齿端倒角与锁环相应的齿端倒角正好互相抵触而不能接合。因而，不论驾驶员通过操纵机构作用在接合套上的轴向推力有多大，接合套花键齿端与锁环花键齿端总是互相抵触而不能接合。由于锁环对接合套的锁止作用是接合齿圈的惯性力矩产生的，因此称为惯性式同步器。

当继续增加操纵力于接合套上,摩擦作用就迅速使接合齿圈的转速 n_4 降低到与锁环转速 n_5 相等,而后,两者保持同步旋转,于是惯性力矩便消失。但是,由于轴向分力的作用,两个摩擦锥面还是紧密接合着的。因而,此时切向分力所形成的拨环力矩便使锁环连同接合齿圈及与之相连的所有零件一起相对于接合套向后退转一个角度,使滑块又移到锁环缺口的中央,两花键齿不再抵触,此时接合套压下弹簧圈继续左移与锁环的花键齿进入接合,如图 3-8b 所示,锁环的锁止作用即行消失。

接合套与锁环接合后,轴向分力已不复存在,锥面之间的摩擦力矩也就消失。如果此时接合套花键齿与接合齿圈的花键齿发生抵触,如图 3-8c 所示,则与上述相似,作用在接合齿圈的花键齿端斜面上切向分力使接合齿圈及其与之相连的所有零件一起相对于接合套向后退转一个角度,使接合套与接合齿圈的花键齿圈进入接合,如图 3-8d 所示,最后完成了换入 4 挡的全过程。

锁环式惯性同步器在汽车上广泛采用,但锁环式惯性同步器因结构上的限制,其锥面间的摩擦力矩不大。轿车变速器由于转动惯量小,主要是以锁环式惯性同步器为主。解放牌 CA1092 型货车六挡变速器在 3、4 挡和 5、6 挡齿轮间也装用锁环式惯性同步器,但为了增大摩擦力矩,增大了齿圈的直径和宽度。

为了改变锁环式惯性同步器摩擦力矩不大的缺点,有的货车上采用了锁销式惯性同步器(见图 3-9)。

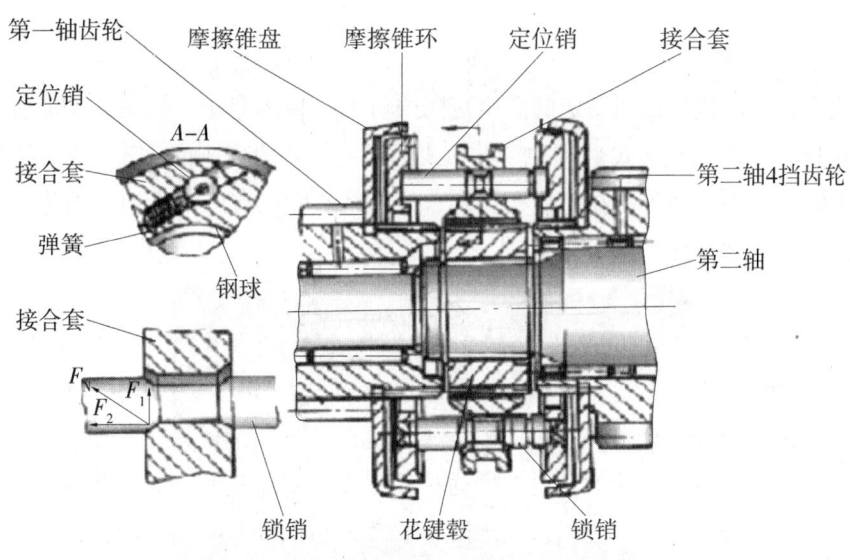

图 3-9 锁销式惯性同步器的构造

(三) 变速器的类型

1. 按传动比变化方式分

(1) 有级式变速器。

有级式变速器是目前使用最广的一种，如图3-10所示。它采用齿轮传动，具有若干个定值传动比。按所用轮系型式不同，有轴线固定式变速器（普通变速器）和轴线旋转式变速器（行星齿轮变速器）两种。目前，轿车和轻、中型货车变速器的传动比通常有3～5个前进挡和一个倒挡，在重型货车用的组合式变速器中，则有更多挡位。所谓变速器挡数即指其前进挡位数。

图3-10 有级式变速器

(2) 无级式变速器。

无级式变速器的传动比在一定的数值范围内可无限多级变化，如图3-11所示，常见的有电力式和液力式（动液式）两种。电力式无级变速器的变速传动部件为直流串激电动机，除在无轨电车上应用外，在超重型自卸车传动系统中也有广泛采用的趋势。动液式无级变速器的传动部件为液力变矩器。

图3-11 无级式变速器

（3）综合式变速器。

综合式变速器是指由液力变矩器和齿轮式有级变速器组成的液力机械式变速器，如图3-12所示，其传动比可在最大值与最小值之间的几个间断的范围内作无级变化，目前应用较多。

图3-12 综合式变速器

2. 按操纵方式分

（1）强制操纵式变速器。

强制操纵式变速器是靠驾驶员直接操纵变速杆换挡而达到变速的目的，如图3-13所示。

图3-13 强制操纵式变速器

（2）自动操纵式变速器。

自动操纵式变速器的传动比选择和换挡是自动进行的，如图3-14所示。所谓"自动"，是指机械变速器每个挡位的变换是借助反映发动机负荷和车速的信号系统来控制换挡系统的执行元件而实现的。驾驶员只需操纵加速踏板以控制车速。

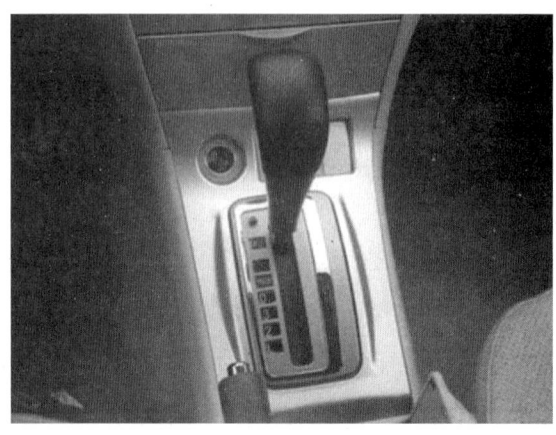

图 3-14 自动操纵式变速器

（3）半自动操纵式变速器。

半自动操纵式变速器（见图 3-15）有两种型式：一种是常用的几个挡位自动操纵，其余挡位则由驾驶员操纵；另一种是预选式，即驾驶员预先用按钮选定挡位，在踩下离合器踏板或松开加速踏板时，接通一个电磁装置或液压装置来进行换挡。

图 3-15 半自动操纵式变速器

（四）普通齿轮变速器的工作原理

1. 传动比概念

传动比指的是主动齿轮转速与从动齿轮转速之比值，即传动比 $i =$ 输入轴转速/输出轴转速，如图 3-16 所示。

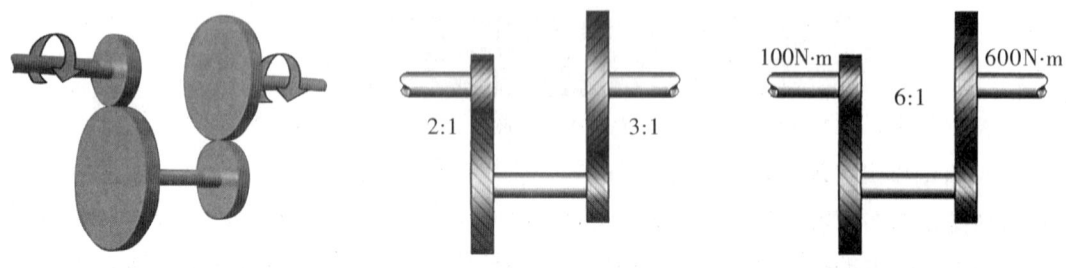

图 3-16 传动比

多级齿轮传动的传动比为：传动比 i = 各级齿轮传动比的乘积，汽车变速器某一挡位的传动比就是这一挡位各级齿轮传动比的乘积。由于 $i = n_入/n_出 = M_出/M_入$（M 表示转矩），可见传动比既是变速比又是变矩比。降速则增矩，增速则降矩。汽车变速器就是利用这一关系通过改变变速比来适应汽车行驶阻力变化的需要。

2. 变速器变矩原理

手动变速器是利用不同齿数的齿轮啮合传动实现转速和转矩的改变。一对齿数不同的齿轮啮合传动时可以变速，两齿轮的转速与其齿数成反比。

设主动轮转速为 n_1，齿数为 z_1，转矩为 M_1；从动轮转速为 n_2，齿数为 z_2，转矩为 M_2，则两轮传动比（主动轮转速与从动轮转速之比值）i_{12} 为

$$i_{12} = n_1/n_2 = z_2/z_1$$

$$n_2 = n_1 \times z_1/z_2$$

故当 $z_1 < z_2$ 时，$i_{12} > 1$，$n_2 < n_1$，称为减速传动；当 $z_1 > z_2$ 时，$i_{12} < 1$，$n_2 > n_1$，称为增速传动，如图 3 – 17 所示，这就是齿轮传动的变速原理。

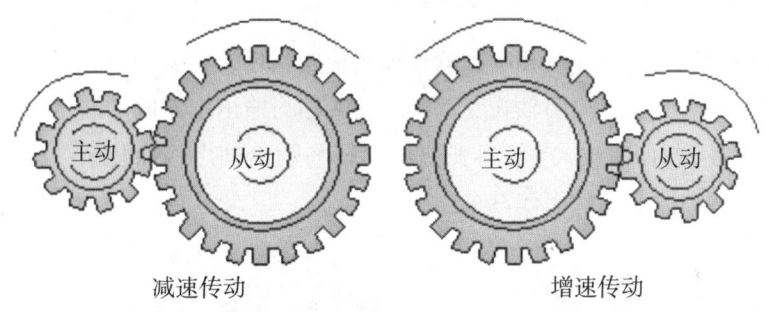

图 3 – 17 变速器变矩原理

一对齿轮传动只能得到一个固定的传动比，从而得到一种输出转速，并构成一个挡位。为了扩大变速器输出转速和转矩的变化范围，普通的齿轮变速器通常都是采用多组大小不同的齿轮啮合传动，这样就构成了多个不同的挡位。对应于不同的挡位，均有不同的传动比值，从而可得到多种不同的输出转速和转矩。

3. 换挡原理

变速器的换挡就是通过拨动换挡杆，切换输出轴上的主动齿轮，通过大小不同的齿轮组合与动力输出轴结合，从而改变驱动轮的传动比、转矩和转速，以实现换挡，如图 3 – 18 所示。

在变速器中，把传动比 $i > 1$ 的挡位称为降速挡，即变速器输出轴转速低于发动机转速；$i = 1$ 的挡位称直接挡，即变速器输出轴转速与发动机转速相等；$i < 1$ 的挡位称为超速挡，即变速器输出轴转速超过发动机的转速。习惯上把变速器传动比值较小的挡位称为高挡，传动比值较大的挡位称为低挡；由低挡向高挡变换称为加挡（或升挡），反之称为减挡（或降挡）。变速器就是通过挡位变换来改变传动比，从而实现多级变速。

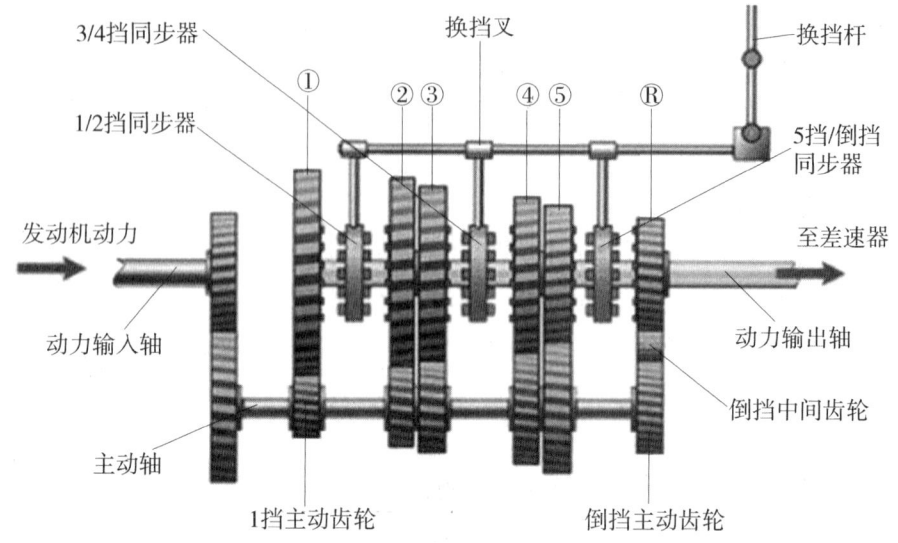

图 3-18 变速器的换挡原理

4. 变向原理

由齿轮传动原理可知，一对相啮合的外齿轮旋向相反，每经过一传动副，其轴改变一次转向，如图 3-19 所示。故两轴式变速器在输入轴与输出轴之间加装了一倒挡轴和倒挡齿轮（也称为惰轮），而三轴式变速器则在中间轴与输出轴之间加装了一倒挡轴和倒挡齿轮，可使输出轴转向改变，从而使汽车能倒行。

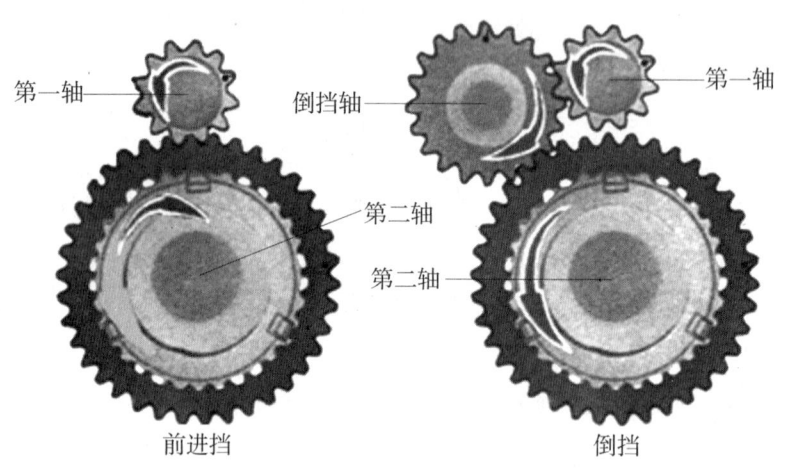

图 3-19 变速器的变向原理

（五）变速器换挡困难故障的诊断与检修

1. 故障现象

换挡时变速杆操作沉重，不能挂入挡位，或勉强挂上挡后又很难退回空挡，则为换挡困难。

2. 故障原因

变速器换挡困难主要有以下原因：

①操纵机构失调，变速杆和拉杆弯曲变形，各活动连接处磨损松旷等，致使齿轮啮合不到位。

②拨叉轴弯曲、锈蚀或有毛刺，锁止用弹簧过硬或互锁销被卡住，使拨叉轴无法轴向移动；拨叉固定有松动、弯曲变形或严重磨损；齿轮端面接触摩擦产生飞边，或接合套花键磨损、起毛或损坏。

③同步器锥环齿沿轴线方向磨损，或凸起或断裂；摩擦锥面螺旋槽磨损或磨光，使齿环端面与齿轮端面间隙缩小，甚至无间隙，降低了摩擦效果，使同步器失效。

④润滑油选用不当，如黏度大而使油膜容易吸附在锥环一面，使同步器失效；或油温高使润滑油结胶而填满同步器锥环表面和螺旋槽，导致同步器损坏。

⑤锁销式同步器锁销松动、散架，滑块式同步器的滑块、花键上的轴向槽磨损过甚，滑块弹簧圈弹力过软或折断，使滑块从槽中窜出。

⑥同步器总成在输出轴上摆动太大，或长时期空挡熄火滑行，中间轴不工作，导致输出轴拖转干摩而产生高热，使同步器损坏，离合器分离不彻底。

3. 故障诊断与排除

诊断时，可根据换挡时挡位手感及伴随的发出声音时间加以分析。

①变速杆操作沉重或偏离挡位位置方可挂入挡位时，均由操纵机构故障所致。如是机构失调，则按规定调节拉杆长度和位置；如是机件磨损或变形，则应更换磨损或变形的机件。

②当挡位手感正确，在挂2挡、3挡或4挡、5挡时困难或有轻微响声，则为同步器损坏，大多是锥环底面接触、摩擦锥面未接触，摩擦效果降低所致。

③当在运行中，空挡滑行发现变速器内有"咯、咯"响声，挂挡瞬间也有同样声响且挂挡困难时，大多是同步器散架。

④在4挡、5挡挂挡时困难，常有两次拨程的感觉，则是拨叉和拨叉槽磨损过度造成的，或是同步器锥环变形失效所致。

任务四　变速器乱挡故障检修

班级：_____　姓名：_____　学号：_____　日期：_____

学习任务	变速器乱挡故障检修	教学方法	任务驱动
学习目标	1. 能够执行变速器检修的操作规程，树立良好的安全文明操作意识； 2. 能说出汽车变速器操纵机构的功用、类型及组成； 3. 能够查阅维修手册或其它资源分析出变速器乱挡的故障原因； 4. 能够查阅维修手册或其它资源制订出变速器乱挡故障的检修计划； 5. 能够按照检修计划规范完成对变速器乱挡故障的检修； 6. 能够运用所学知识，为顾客使用、维护变速器提出合理化建议		
学习准备	1. 工具、设备： 　汽车传动系统实验台、工具车、通用工具、铜棒、铁锤、冲击批及网络资源。 2. 学习材料： 　维修手册、学习工作页、投影、白板笔、展示板、磁吸、彩纸卡片若干。 3. 耗材： 　抹布若干、化清剂、润滑脂		

一、明确学习任务

车主张先生购买了一辆 2012 年款东风日产骐达车，累计行程 73 060 公里。张先生有一天开车出行时发现：汽车在行驶中，在离合器彻底分离的情况下，想要挂挡挂不上，想要摘挡也摘不下；有时想要挂某挡，结果挂在别的挡位上；有时同时挂上两个挡。

要求维修技工按照维修接待前台提供的维修工单作业，查阅维修手册、参考相关资料，在整车上排除故障，使汽车变速器能正常工作，并最终检验合格后交付给客户。

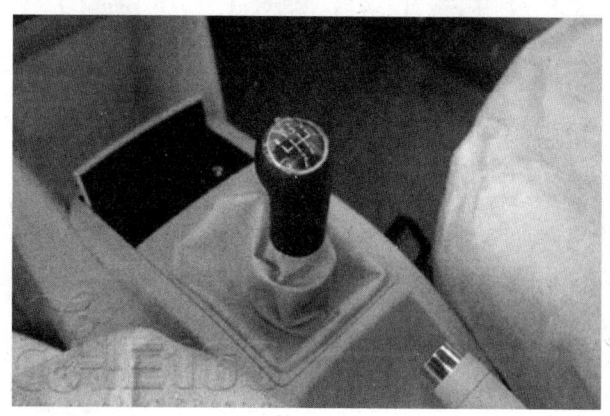

二、收集学习资料

1. 请查阅相关资料，并描述汽车变速器操纵机构的功用。

2. 请查阅相关资料，在下图的引出线处标注汽车变速器操纵机构各组成部分的名称。

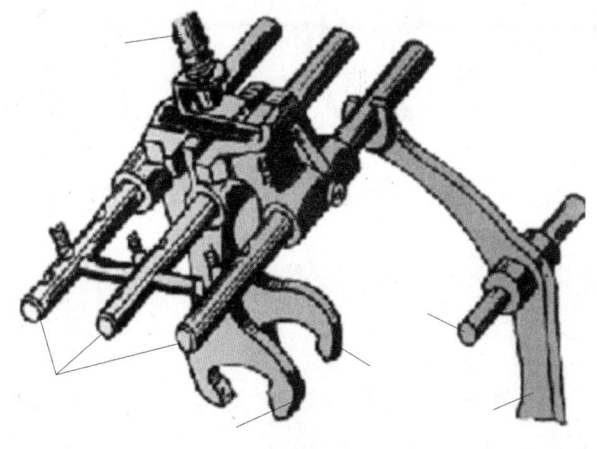

3. 变速器远距离操纵，按变速器与操纵手柄之间加装的传动元件不同，可分为_____、_____和_____三种形式。

4. 请查阅相关资料，在下图的引出线处标注汽车变速器自锁与互锁装置各组成部分的名称，并描述自锁与互锁的功用。

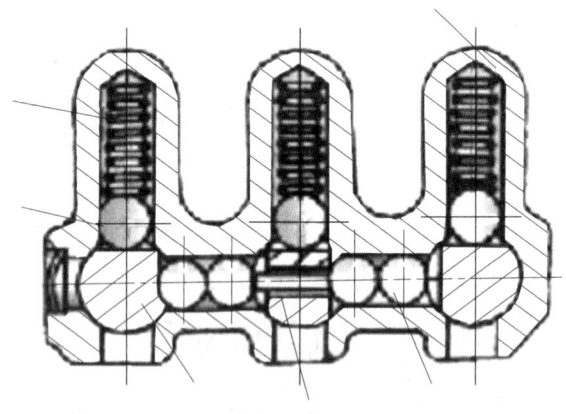

三、制订检修计划

1. 填写车辆信息

基本信息	车辆底盘号		车　型	
	发动机型号		累计里程	

2. 查阅维修手册或其它资源，分析可能导致变速器乱挡的故障原因，按先后顺序填写。

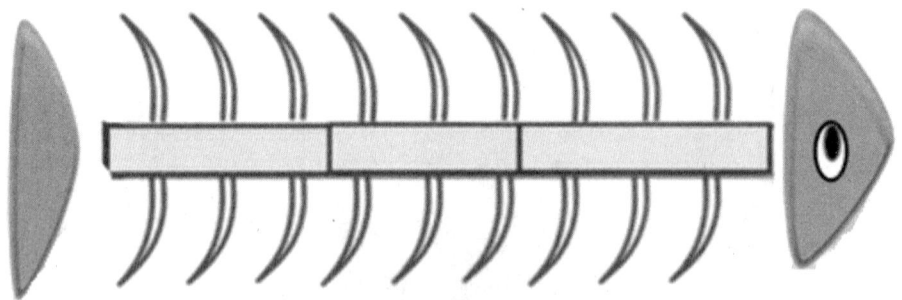

3. 请根据故障分析原因，并由简至繁在下表中列出变速器乱挡故障的检修步骤。

序号	检查项目	使用工具
1		
2		
3		
4		
5		
6		
7		
8		
9		

四、实施检修作业

（一）认识换挡控制装置

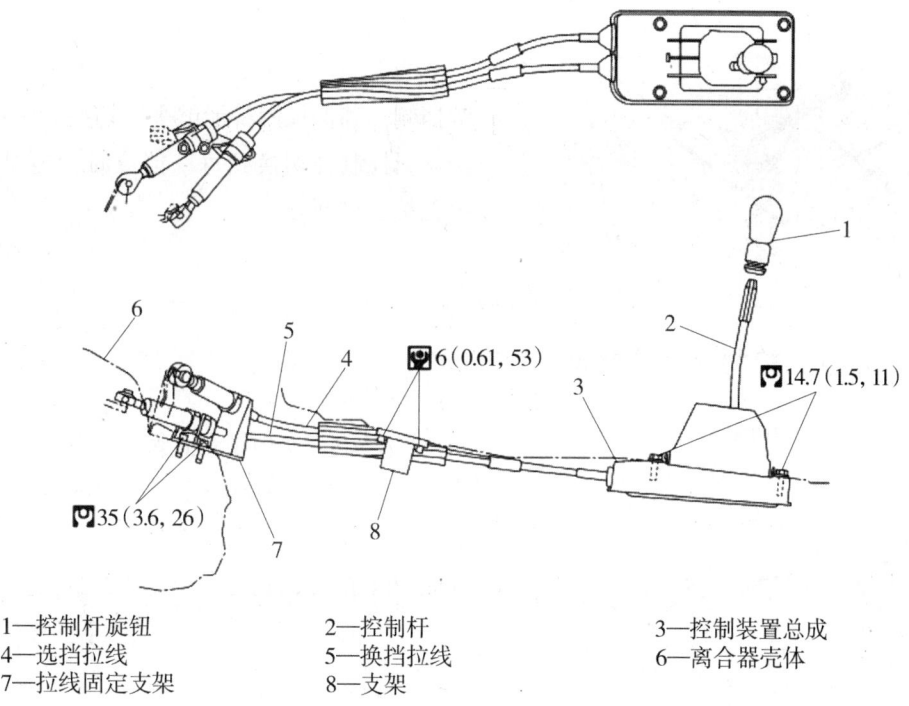

1—控制杆旋钮　　2—控制杆　　3—控制装置总成
4—选挡拉线　　5—换挡拉线　　6—离合器壳体
7—拉线固定支架　　8—支架

（二）拆卸与安装换挡控制装置

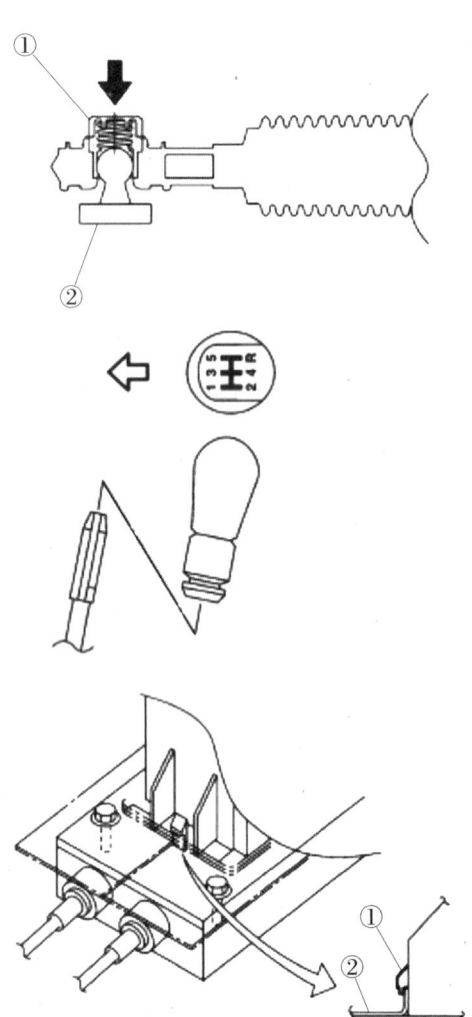

（1）拆卸换挡装置。

①按下释放按钮①，然后从控制轴②的拉杆上拆卸选挡拉线与换挡拉线，将控制杆换至空挡，拆卸控制杆旋钮。

②拆卸控制装置总成固定螺栓，从拉线固定支架上拆卸选挡拉线与换挡拉线。

【完成/未完成】

（2）安装换挡装置。

按拆卸的相反顺序安装，正确安装控制轴的拉线与拉杆。

注意安装方向，将控制拉杆上的控制按钮按下。

【完成/未完成】

确保控制装置总成上的前/后棘爪与地板②上的法兰接触。

当控制拉杆置于1挡－2挡侧以及5挡－倒挡侧，确保控制杆能够平顺切换到空挡。

当控制杆切换到每一挡位时，确保在各挡中无粘合或断开。

【完成/未完成】

（三）换挡控制装置的检查

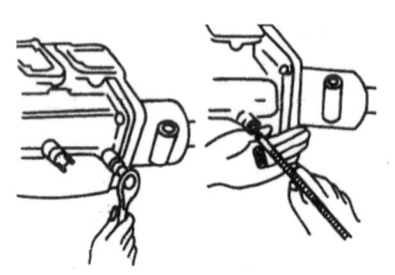

（1）检查换挡锁定弹簧。

检查变速杆中部球头定位销与定位槽配合是否松旷或球头、球座磨损是否过大。若变速杆能360°摆转，则为定位销折断或脱落。

【正常/不正常】

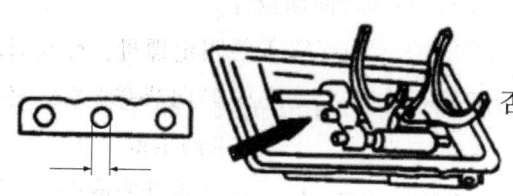

（2）检查换挡拨叉轴的间隙。

手动移动换挡拨叉轴，检查换挡拨叉轴是否有卡滞或过度松旷。

【正常/不正常】

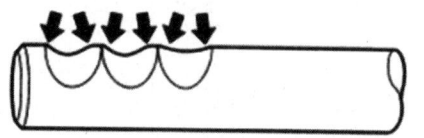

（3）检查拨叉轴的磨损。

检查拨叉杆的接触与滑动表面有无磨损、毁坏与弯折。如有则更换。

【正常/不正常】

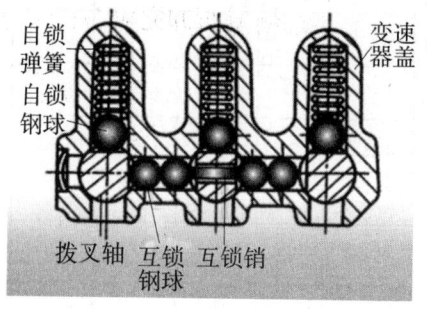

（4）检查自锁与互锁装置。

检查自锁、互锁钢球，如果磨损过度或破裂应更换。

检查自锁、互锁弹簧，如果折断或弹力减弱应更换。

【正常/不正常】

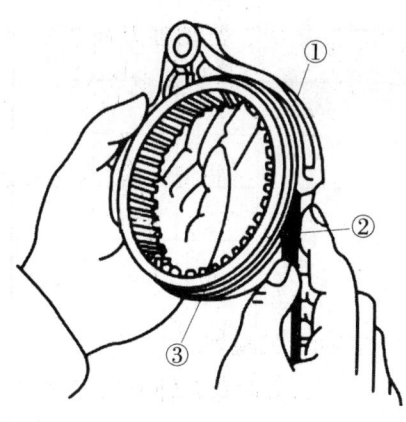

（5）检查换挡拨叉。

用塞尺②测量换挡拨叉①与相配的同步器结合套③的侧面间隙，标准值应为 0.45～0.65mm，使用极限为 1mm。

测量值_____ mm

五、学业评估

各学习小组进行自我评价、相互评价，完成学业评估表的相应内容填写。

学业评估表

项 目	评价内容		评价等级		
自我评价	学到的知识点：				
	学到的技能：				
	不理解的有：				
	还需要深入学习并提升的有：				
组内评价	○按时到场　　○工装齐备　　○书、本、笔齐全				
	○安全操作　　○责任心强　　○7S 管理规范				
	○学习积极主动　○合理使用教学资源　○主动帮助他人				
	○接受工作分配　○有效沟通　　○高效完成工作任务				
组间评价	项目	本组	他组		
	计划的合理性				
	计划的执行性				
	工作完成度				
	优点				
	改进之处				
	其它				
小组评语及建议	他（她）做到了： 他（她）的不足： 给他（她）的建议：		组长签名： 年　　月　　日		
老师评语及建议			评价等级： 教师签名： 年　　月　　日		

六、相关知识

（一）变速器操纵机构的功用

驾驶员根据路况操纵手动变速器操纵机构，实现变速齿轮换挡，保证变速器准确可靠地挂入所需要的挡位，并随时退到空挡。

（二）变速器操纵机构的结构及工作原理

根据操纵杆与变速器的相互位置不同，变速器操纵机构可分为直接操纵式和远距离操纵式两种类型。

1. 直接操纵式

变速器直接操纵机构如图 4-1 所示。

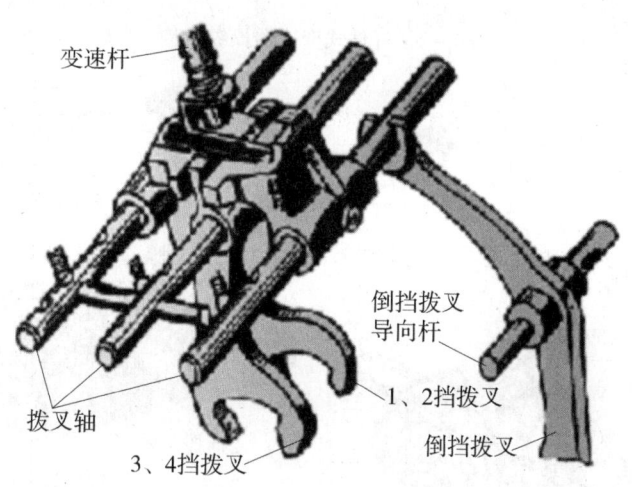

图 4-1 变速器直接操纵机构的组成

四挡变速器操纵机构的三根拨叉轴的两端位于变速器盖的相应孔中，可以轴向滑动。1、2 挡拨叉和 3、4 挡拨叉均以螺钉直接固定在相应的拨叉轴上。拨叉的顶部有凹槽。倒挡拨叉的中部空套于固定的导向杆上，上端借螺钉与倒挡拨叉轴固定。该拨叉轴上另装一个顶部有凹槽的拨块。

变速器处于空挡时，1、2 挡拨叉和 3、4 挡拨叉以及倒挡拨叉三者顶部的凹槽在横向平面内对齐。变速杆下端的球头即伸入这些凹槽中。

选挡时可使变速杆绕其中部支点横向摆动，以其下端球头对准与所选挡位相应的拨叉向前或向后移动，即实现挂挡。例如，横向扳动变速杆使其下端球头伸入拨叉顶部凹槽中，再向纵向拨动变速杆，拨叉连同其轴即沿纵向向前移动一定距离，便挂入 2 挡；若向后移动一定距离，则挂入 1 挡。

2. 远距离操纵式

变速器远距离操纵机构按变速器与操纵手柄之间加装的传动元件不同，可分为杆件式（图4-2）、拉索式（图4-3）和变速杆安装在转向管上（图4-4）三种形式。

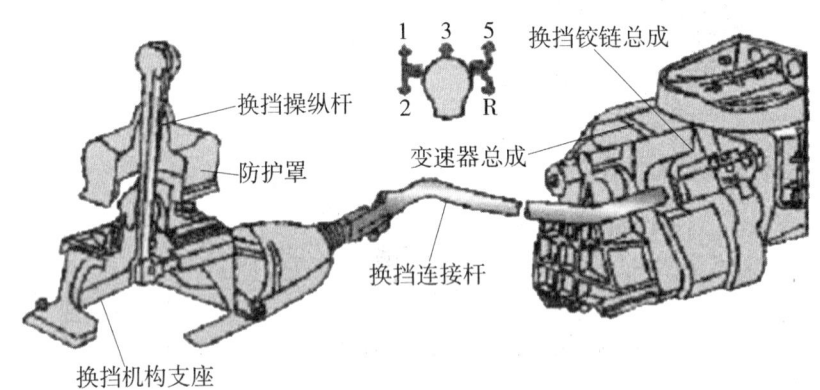

图4-2　杆件式变速器操纵机构

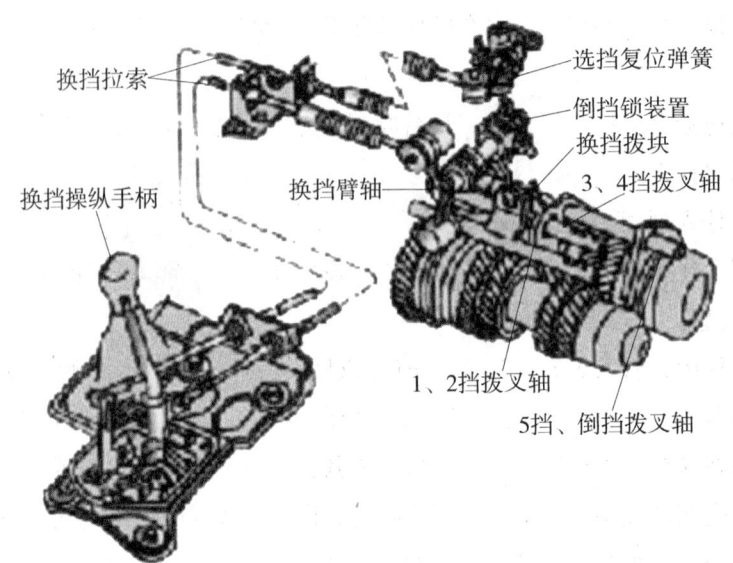

图4-3　拉索式变速器操纵机构

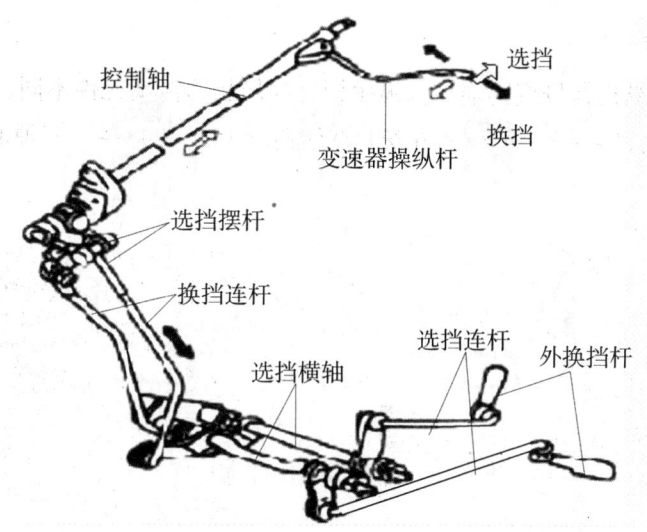

图4-4 变速杆安装在转向管上的变速器操纵机构

（三）变速器安全装置

变速器操纵机构要保证变速器在任何情况下都能准确、安全、可靠地工作，应满足下列要求：

①防止变速器自行挂挡或挂挡后自行脱挡，并能保持传动齿轮全齿长啮合。

②防止同时挂入两个挡。

③防止误挂入倒挡。

为了达到上述要求，在变速器操纵机构中设置了自锁装置、互锁装置和倒挡锁装置。

1. 自锁装置

在挂挡过程中，若操纵杆推动拨叉前移或后移的距离不足时，则滑动齿轮（或接合套）与相应的齿轮（或接合齿圈）将不能在全齿宽上啮合，因而会降低齿轮的使用寿命。即使达到全齿宽啮合，也可能由于汽车振动或其他原因，使滑动齿轮或接合套自行轴向移动，因而使啮合宽度减小，甚至完全脱离啮合，即自动脱挡。为了防止自动脱挡并保证齿轮以全齿宽啮合，应加装自锁装置，如图4-5所示。

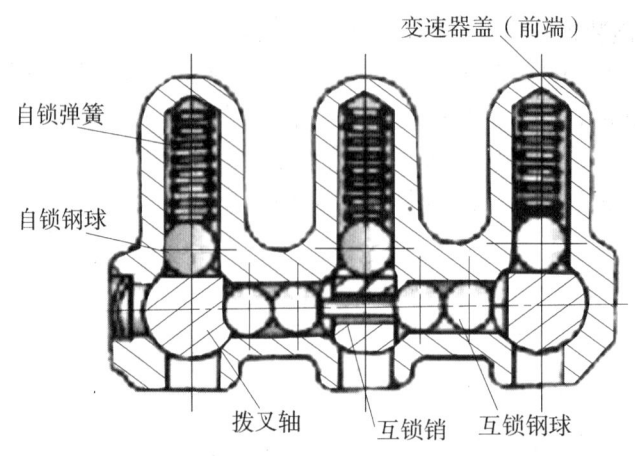

图 4-5 变速器的自锁装置

2. 互锁装置

互锁装置有钢球式、锁销式和钳口式等，汽车上广泛应用的是钢球式互锁装置。

（1）钢球式互锁装置。

钢球式互锁装置一般与自锁装置在一起，如图 4-5 所示；结构紧凑、工作可靠。它由互锁钢球和互锁销组成。每根拨叉轴朝向互锁钢球的侧面都有一个深度相等的凹槽，任一拨叉轴处于空挡位置时，其侧面凹槽都正好对着互锁钢球。两个互锁钢球的直径之和正好等于相邻两拨叉轴表面之间的距离加上一个凹槽的深度。中间拨叉轴上两个侧面凹槽之间有孔相通，孔中有一根可以滑动的互锁销，销的长度等于拨叉轴的直径减去一个凹槽的深度。

工作原理：每次换挡时只允许移动一根拨叉轴，同时自动地锁住其它拨叉轴。当变速器处于空挡时，所有拨叉轴的侧面凹槽同互锁钢球、互锁销均处在一条直线上。当移动中间拨叉轴 3 时，拨叉轴两侧的内钢球从其侧凹槽中被挤出，而两外钢球则分别嵌入拨叉轴的侧面凹槽中，将拨叉轴刚性地锁止在空挡位置，如图 4-6a 所示。欲移动拨叉轴时，则应先将拨叉轴退回空挡位置。在移动拨叉轴时，钢球从轴的侧凹槽中被挤出，同时通过互锁销和其它钢球将拨叉轴锁止在空挡位置上，如图 4-6b 所示。同理，移动拨叉轴时，拨叉轴被锁止在空挡位置，如图 4-6c 所示。

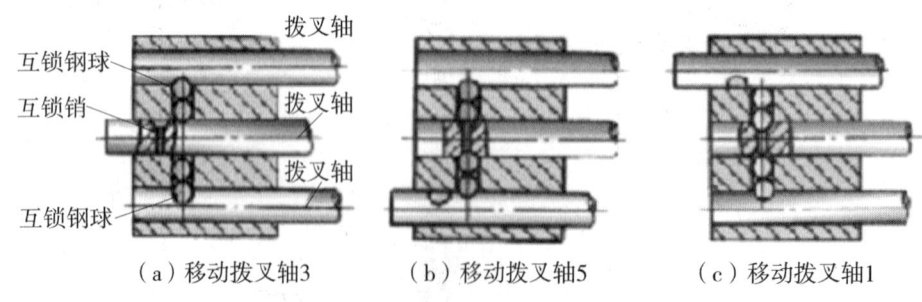

（a）移动拨叉轴3　　（b）移动拨叉轴5　　（c）移动拨叉轴1

图 4-6 变速器钢球式互锁装置

(2) 钳口式互锁装置。

钳口式互锁装置如图4-7所示,其结构及原理是钳形板用销轴固定在变速器盖内,钳形板可以绕销轴转动,变速操纵杆下端的头部位于钳形板的钳口中,三个换挡拨块分别固定在三根拨叉轴上。当变速杆头部进入某一换挡拨块的凹槽内时,钳形板的一个钳爪或两个钳爪将挡住其余换挡拨块的凹槽,使之不能移动而起互锁作用。

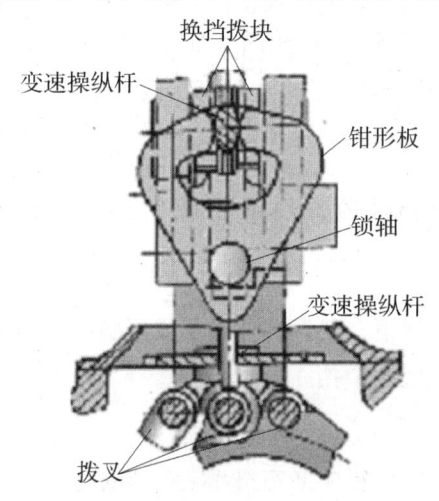

图4-7 变速器钳口式互锁装置

3. 倒挡(R)锁装置

汽车在前进行驶中,换挡时由于疏忽而误挂入倒挡,将会使轮齿间产生极大的冲击力;此外,若汽车起步时误挂倒挡则容易发生事故。为防止误挂倒挡,操纵机构中设有倒挡锁,如图4-8所示。它有弹簧锁销式、锁片式、扭簧式、锁簧式等多种形式,应用最多的是弹簧锁销式。

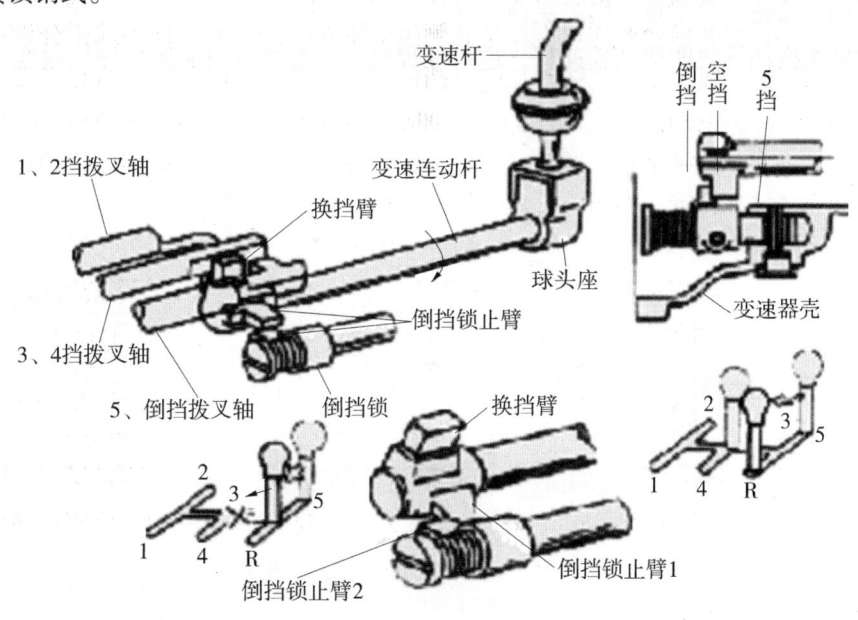

图4-8 变速器倒挡锁装置

工作原理：当驾驶员退出5挡时，若没有换入空挡位置，则不能挂入倒挡。当变速器处于空挡时，倒挡锁止臂1位于倒挡锁止臂2的上方。当驾驶员要挂5挡时，首先操纵变速杆，使变速连动杆按图示箭头方向转动进行选挡，使换挡臂嵌入5、倒挡拨叉轴的侧面凹槽内，接着轴向移动变速连动杆，带动5、倒挡拨叉轴后移（图4-8中为右移），从而挂入5挡。当变速器挂入5挡后，倒挡锁止臂已向下转动一个角度，当欲由5挡直接挂入倒挡（R位）时，倒挡锁止臂2随倒挡锁止臂1前移（图4-8中为左移），从而保证不能由5挡直接换入倒挡。当变速杆由5挡退回到空挡（N位）后，倒挡锁的锁止作用被解除，变速器可从空挡位置挂入倒挡。

（四）变速器乱挡故障的诊断与检修

1. 故障现象

在离合器彻底分离的情况下，要挂挡挂不上或要摘挡摘不下；有时要挂某挡，结果挂在别的挡位上；有时同时挂上两个挡。

2. 故障原因

①变速杆定位销严重磨损、折断或丢失。
②变速杆球座磨损过大。
③互锁装置中的双凸轮严重磨损，致使互锁装置失效。
④换挡导块凹槽或变速杆下端磨损严重，使变速杆下端从导块凹槽中脱出。

3. 排除方法

①若变速杆出现失控、自由摆动，则需拆下变速杆进行检查、修复，必要时应更换。
②如双凸轮磨损严重，则应更换。
③拆检换挡导块凹槽和变速杆，进行堆焊修复，必要时更换换挡导块或变速杆。

项目三

传动轴与驱动桥故障检修

任务五 传动轴抖动故障检修

班级：_____ 姓名：_____ 学号：_____ 日期：_____

学习任务	传动轴抖动故障检修		教学方法	任务驱动
学习目标	1. 能够执行传动轴检修的操作规程，树立良好的安全文明操作意识； 2. 能说出汽车万向传动机构的功用、类型及组成； 3. 能够查阅维修手册或其它资源分析出传动轴抖动的故障原因； 4. 能够查阅维修手册或其它资源制订出传动轴抖动故障的检修计划； 5. 能够按照检修计划规范完成对传动轴抖动故障的检修； 6. 能够运用所学知识，为顾客使用、维护万向传动机构提出合理化建议			
学习准备	1. 工具、设备： 　　汽车传动系统实验台、工具车、通用工具、拉拔器、卡钳、卡簧钳、撬棒及网络资源。 2. 学习材料： 　　维修手册、学习工作页、投影、白板笔、展示板、磁吸、彩纸卡片若干。 3. 耗材： 　　抹布若干、化清剂、润滑脂			

一、明确学习任务

车主张先生购买了一辆2012年款东风日产骐达车,累计行程53 170公里。张先生有一天开车出行时发现:汽车在行驶中传动轴发出周期性响声,车速越快时响声越大,严重时车身发生抖振,甚至握转向盘的手有麻木感。

要求维修技工按照维修接待前台提供的维修工单作业,查阅维修手册、参考相关资料,在整车上排除故障,使汽车万向传动机构能正常工作,并最终检验合格后交付客户。

二、收集学习资料

1. 请查阅相关资料,并描述汽车万向传动机构的功用。

2. 请查阅相关资料,在下图的引出线处标注汽车万向传动机构各组成部分的名称。

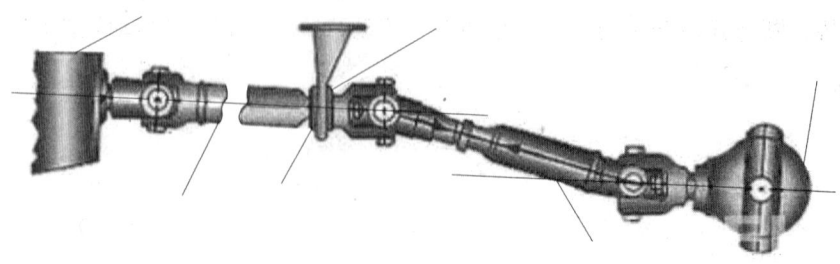

3. 请查阅相关资料，在下图的引出线处标注汽车常用的两种万向节各组成部分的名称。

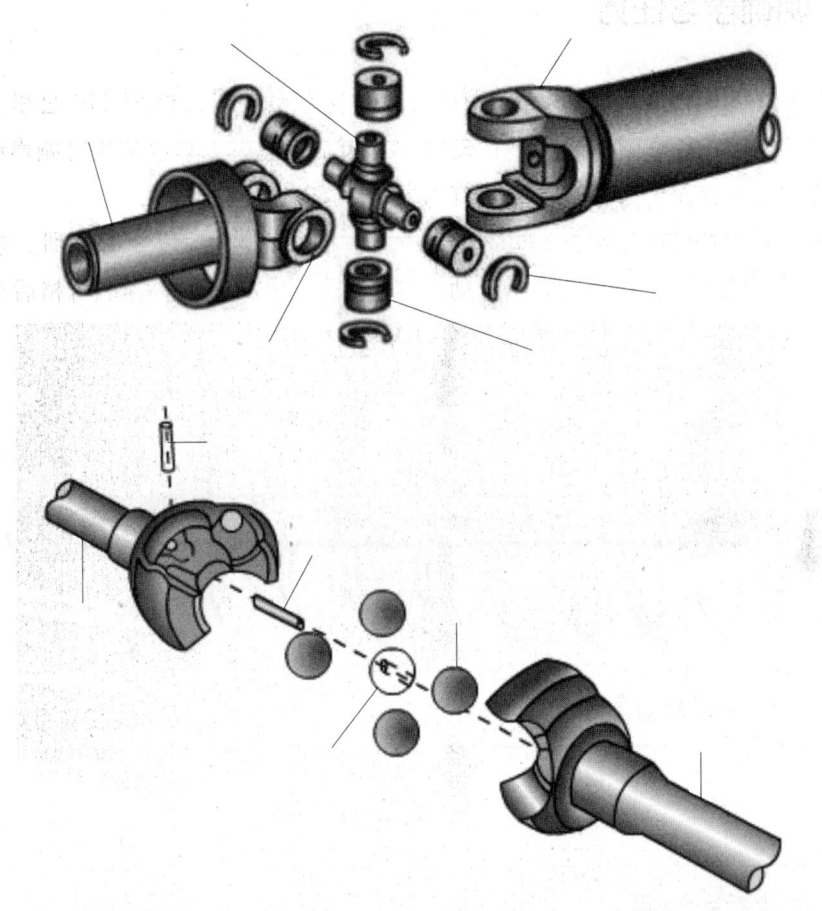

4. 万向节可分为_____万向节和_____万向节，前者是靠零件的_____铰链式连接传递动力；后者则是靠_____传递动力，且具有缓冲减振作用。刚性万向节又分为_____万向节、_____万向节和_____万向节三种。

5. 在发动机前置后轮驱动的传动系统中广泛采用的是_____传动轴。在转向驱动桥、断开式驱动桥或微型汽车的万向传动装置中，通常将传动轴制成_____轴。

三、制订检修计划

1. 填写车辆信息

基本信息	车辆底盘号		车　　型	
	发动机型号		累计里程	

2. 查阅维修手册或其它资源，分析可能导致传动轴抖动的故障原因，按先后顺序填写。

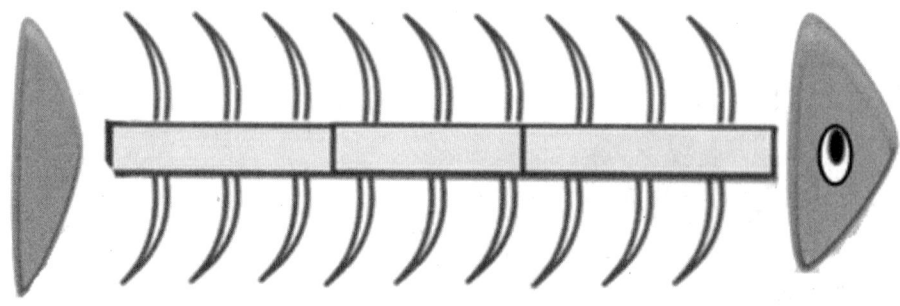

3. 请根据故障分析原因，并由简至繁在下表中列出传动轴抖动故障的检修步骤。

序号	检查项目	使用工具
1		
2		
3		
4		
5		
6		
7		
8		
9		

四、实施检修作业

（一）认识驱动轴的结构

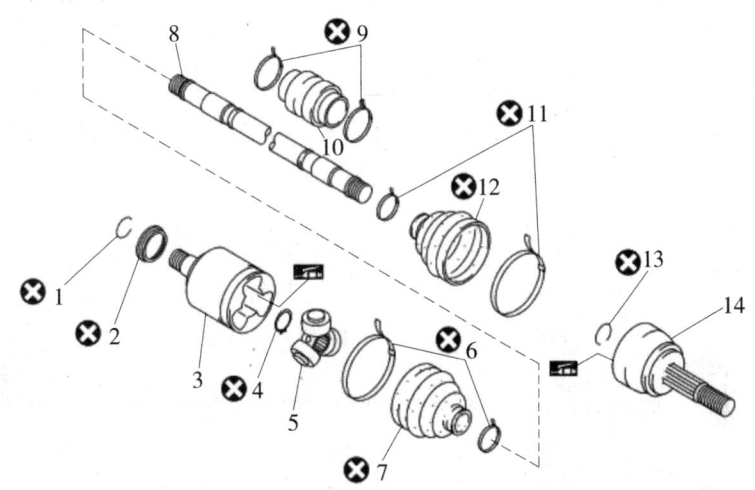

1—环形卡箍　　　　　　　2—防尘罩　　　　　　　　3—壳体
4—卡环　　　　　　　　　5—十字轴组件　　　　　　5—防尘罩卡箍（变速驱动桥侧）
7—防尘罩（变速驱动桥侧）　8—驱动轴　　　　　　　　9—缓冲器卡箍
10—动态缓冲器　　　　　　11—防尘罩卡箍（车轮侧）　12—防尘罩（车轮侧）
13—环形卡箍　　　　　　　14—万向节分总成

（二）驱动轴的就车检查

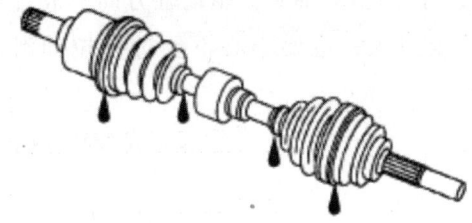

检查驱动轴固定部位和万向节有无松动和其它损坏。

检查防尘罩有无裂纹和其它损坏。

【正常/损坏】

（三）驱动轴的拆装及检查

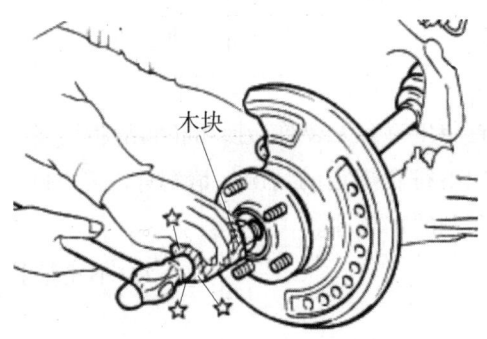

（1）拆卸轮毂。

拆卸开口销，然后用动力工具松开轮毂锁紧螺母。

用锤（合适的工具）和木块轻轻敲击轮毂和轴承总成端部，从驱动轴上分离轮毂和轴承总成，然后拆卸轮毂锁紧螺母。

【拆卸完成/未完成】

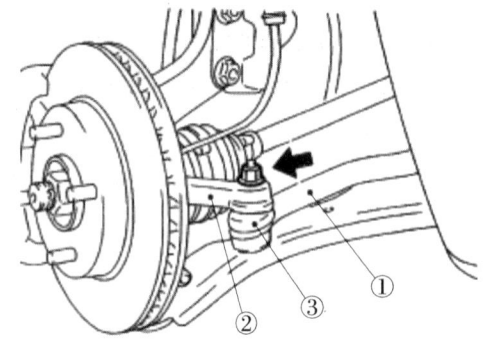

（2）拆卸转向横拉杆。

松开转向外套筒①的固定螺母，使用球节拆卸器（合适的工具）从转向节②上拆卸转向外套筒①，以免损坏球节③防尘罩。

【拆卸完成/未完成】

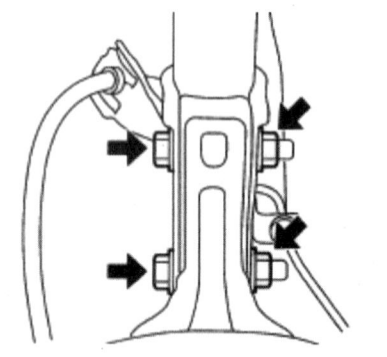

（3）拆卸转向节。

拆卸固定螺母和螺栓，然后从支柱组件上拆卸转向节。

【拆卸完成/未完成】

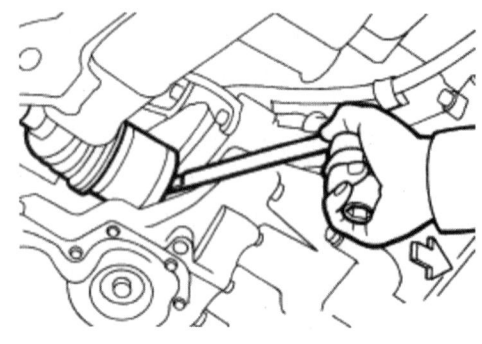

（4）拆卸驱动轴。

从驱动桥总成侧撬出驱动轴。

注意：拆卸驱动轴时，驱动轴万向节放置的角度不要过大；也要小心不要过分拉伸滑动节。

【拆卸完成/未完成】

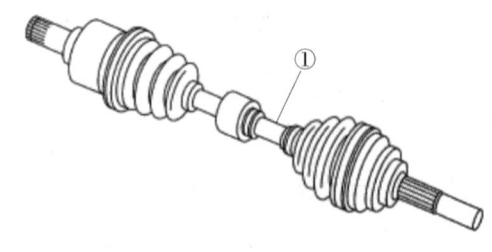

（5）驱动轴拆卸后的检查。

向上、下、左、右方向移动轴上的万向节。检查移动是否顺畅，有无严重松动。

检查防尘罩有无裂纹、损坏和润滑脂泄漏。如果出现不符合规定的情况，请解体驱动轴并更换有问题的零部件。

【正常/不正常】

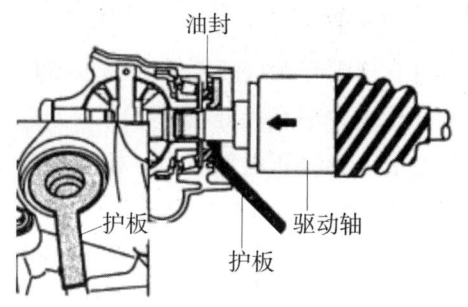

(6) 驱动轴的安装。

按拆装相反顺序进行驱动轴的安装，安装驱动轴时，要更换新的变速驱动桥侧油封。

【完成/未完成】

（四）驱动轴的解体及检查

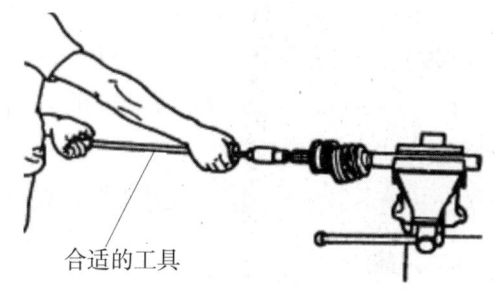

(1) 固定驱动轴。

将驱动轴固定在卡钳中。

注意：进行将驱动轴固定在卡钳中的操作时，请使用铝板或铜板保护驱动轴。

【完成/未完成】

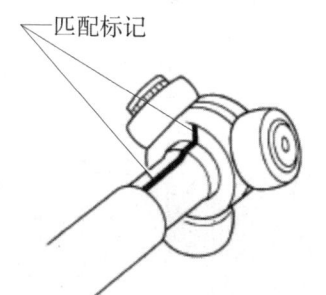

(2) 拆卸万向节壳体。

拆卸防尘罩卡箍，然后从壳体中拆卸防尘罩。在壳体和驱动轴上放置匹配标记，然后从驱动轴中拉出壳体。

注意：使用油漆或同类物料做匹配标记。请勿刮伤表面。

【拆卸完成/未完成】

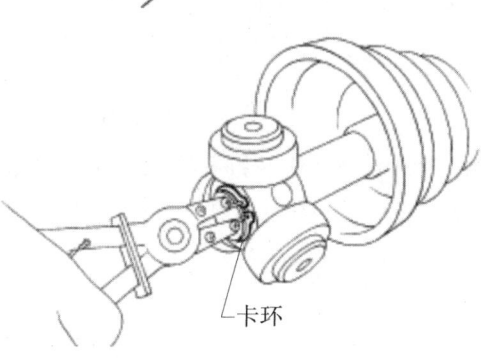

(3) 拆卸万向节。

拆卸卡环，然后从驱动轴上拆卸十字轴组件和卡箍，从壳体上拆卸防尘罩和环形卡箍，使用抹布擦拭干净壳体上旧的润滑脂。

【拆卸完成/未完成】

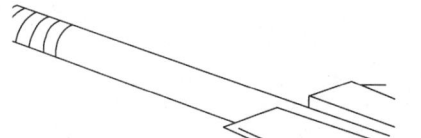

(4) 检查驱动轴。

检查轴有无跳动、裂纹或其它损坏。如果出现故障，请更换。

【正常/不正常】

（5）检查万向节。

检查万向节总成有无过度旋转和轴过度松动，万向节分总成内部有无异物，万向节分总成有无受压疤痕、裂纹和内部破裂。如果发现不合格情况，请更换万向节分总成。

【正常/不正常】

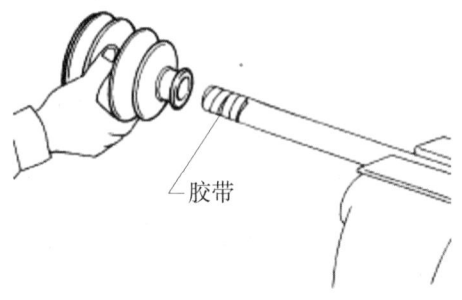

（6）安装变速驱动桥侧驱动轴。

①用胶带包住驱动轴上的花键以免损坏防尘罩。将新的防尘罩和防尘罩卡箍安装到轴上，拆卸驱动轴花键周围包裹的胶带。

【完成/未完成】

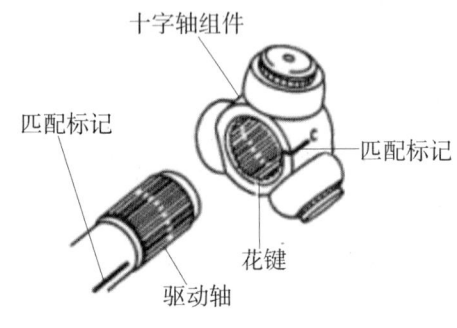

②对准油漆匹配标记，将倒角面朝轴安装十字轴组件。

【完成/未完成】

③在万向节分总成花键孔中涂抹推荐的润滑脂，直到润滑脂开始从球槽和花键孔中流出。润滑脂涂抹好后，使用抹布擦干已经流出的旧的润滑脂。

【完成/未完成】

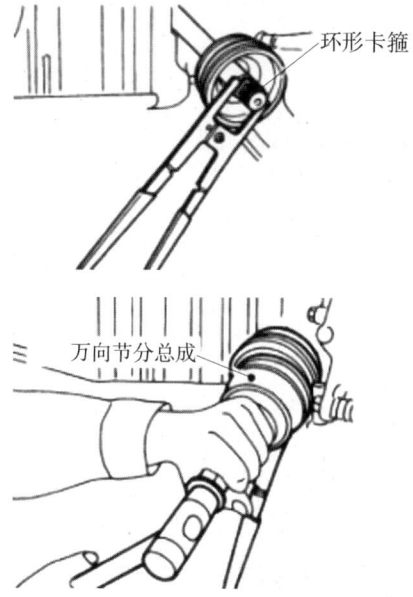

⑤将环形卡箍放置在驱动轴边缘的凹槽上。将驱动轴两端的平衡轴与万向节分总成对齐。然后使用环形卡箍将驱动轴安装到万向节分总成上。

【完成/未完成】

⑥使用塑胶锤将万向节分总成安装到驱动轴上。将推荐使用的秤量润滑脂从防尘罩大直径侧注入防尘罩内。

【完成/未完成】

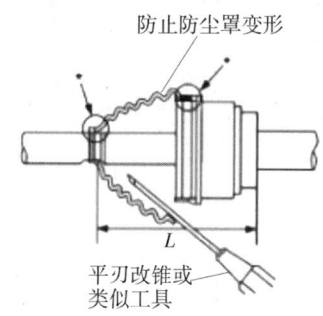

⑦将防尘罩牢牢安装到槽内（*标记指示的）。将平刃改锥从防尘罩大直径侧插入防尘罩内部，放出里面的空气，并调整防尘罩安装长度到 L 的指定值，来防止防尘罩变形。

【完成/未完成】

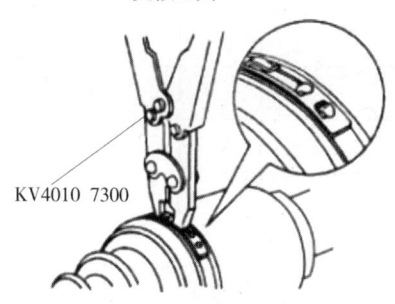

⑧使用防尘罩卡箍卷曲工具，将新的防尘罩卡箍固定在防尘罩的大小端。防尘罩卡箍卷曲紧固后的间隙 m 应为 1.0～4.0mm。

【完成/未完成】

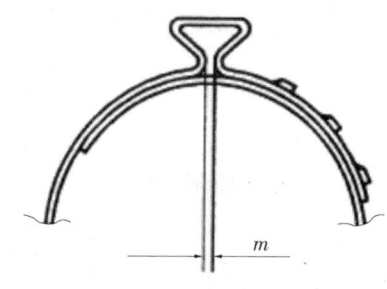

⑨固定万向节分总成和驱动轴，然后确认在旋转防尘罩时它们在正确的位置。防尘罩安装位置错误时，请使用新的防尘罩卡箍重新安装。确认变速驱动桥侧的环形卡箍已完全啮合。

将驱动轴插入轮毂和轴承总成，然后临时拧紧轮毂锁紧螺母。

【完成/未完成】

五、学业评估

各学习小组进行自我评价、相互评价，完成学业评估表的相应内容填写。

学业评估表

项　目	评价内容			评价等级		
自我评价	学到的知识点：					
	学到的技能：					
	不理解的有：					
	还需要深入学习并提升的有：					
组内评价	○按时到场　　○工装齐备　　○书、本、笔齐全					
	○安全操作　　○责任心强　　○7S管理规范					
	○学习积极主动　○合理使用教学资源　○主动帮助他人					
	○接受工作分配　○有效沟通　　○高效完成工作任务					
组间评价	项目	本组	他组			
	计划的合理性					
	计划的执行性					
	工作完成度					
	优点					
	改进之处					
	其它					
小组评语及建议	他（她）做到了： 他（她）的不足： 给他（她）的建议：			组长签名： 　年　　月　　日		
老师评语及建议				评价等级： 教师签名： 　年　　月　　日		

六、相关知识

（一）万向传动装置的功用和工作原理

在汽车传动系统及其它系统中，为了实现一些轴线相交或相对位置经常变化的转轴之间的动力传递，必须采用万向传动装置。万向传动装置（图 5-1）一般由万向节和传动轴组成，有时还有中间支承。

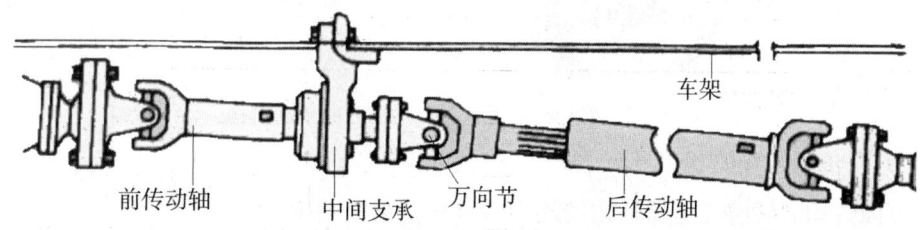

图 5-1 万向传动装置的组成

1. 万向传动机构安装的位置

发动机前置后轮驱动的万向传动机构安装在变速器与驱动桥之间，如图 5-2 所示；发动机前置前轮驱动的万向传动机构（独立悬架与非独立悬架）安装在主减速器与转向驱动轮之间，如图 5-3 所示。

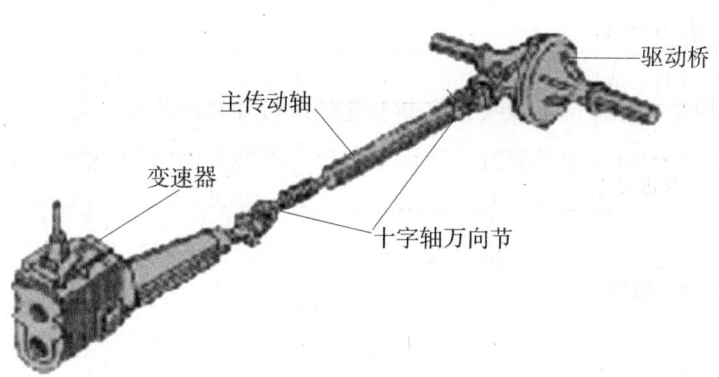

图 5-2 发动机前置后轮驱动的万向传动机构

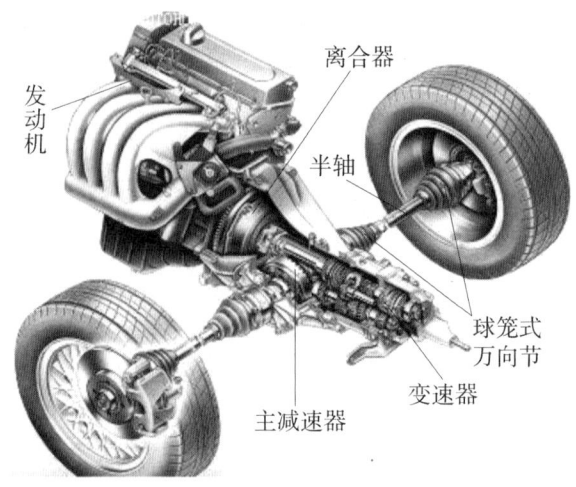

图 5-3 发动机前置前轮驱动的万向传动机构

2. 万向传动装置的功用

①万向传动装置将变速器输出的动力顺利地传给驱动桥。

②由于变速器安装在车架上，驱动桥是通过弹性悬挂和车架连接，行驶中路面千变万化，造成变速器和驱动桥间的位置相对距离不断变化。这种变化既有长度的变化，也有角度的变化。传动轴必须既能有角度又能伸缩地转动，这就需要万向传动装置。

③凡是相距较远且不能绝对固定的两个部件，都需要采用万向传动装置，如变速器与驱动桥、前驱动与分动箱、转向器与方向盘等。

（二）万向节

万向节的功用是在相对位置及夹角不断变化的两转轴之间传递动力。

按扭转方向上是否有明显的弹性，万向节可分为刚性万向节和挠性万向节。前者是靠零件的刚性铰链式连接传递动力；后者则是靠弹性元件传递动力，且具有缓冲减振作用。刚性万向节又分为不等速万向节、准等速万向节和等速万向节三种。

1. 不等速万向节

（1）基本结构。

十字轴式万向节（图5-4）为刚性不等速万向节，由万向节叉、十字轴及滚针轴承（滚针和套筒）等组成。在十字轴轴颈与万向节叉孔之间装有滚针和套筒，并用带有锁片的螺钉和轴承盖使之轴向定位。为了润滑轴承，十字轴内钻有油道，且与润滑脂嘴、安全阀相通。

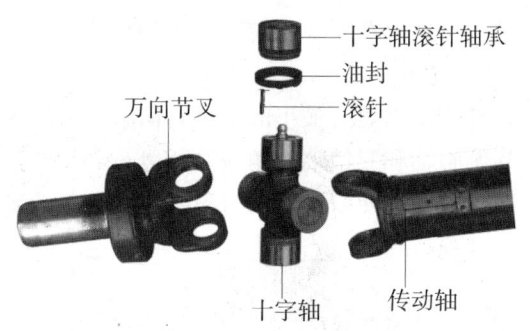

图 5-4 十字轴式万向节的结构

（2）万向节传动的等速条件（图 5-5）。

采用两个十字轴式刚性万向节，且在中间以传动轴相连接，利用第二万向节的不等速效应抵消第一万向节的不等速效应，从而实现两轴间的等速传动。从运动学的原理分析可知，要达到这一目的，必须满足以下两个条件：

①第一万向节的从动叉与第二万向节的主动叉处于同一平面内。

②第一万向节两轴之间的夹角 α_1 与第二万向节两轴之间的夹角 α_2 相等。

前一个条件可以通过正确装配传动轴和万向节来保证，后一个条件必须由较复杂的机构和严格的装配工艺才能实现。一般的十字轴刚性万向传动装置只能做到尽量减小传动的不等速程度。

十字轴式万向节结构简单、工作可靠，允许在轴间夹角为 15°～20° 的两轴之间传递动力，且采用两个或两个以上万向节可近似地满足等速传动，因此在汽车传动系统中得到广泛的应用。但在某些情况下（如转向驱动桥的分段半轴之间），要求万向传动装置有较大的传动夹角（30°～40°），并且轴向安装空间较小，十字轴万向节就无法满足要求，此时需要使用等速和准等速万向节。只要使用一个这样的万向节就可实现等速或准等速传动。

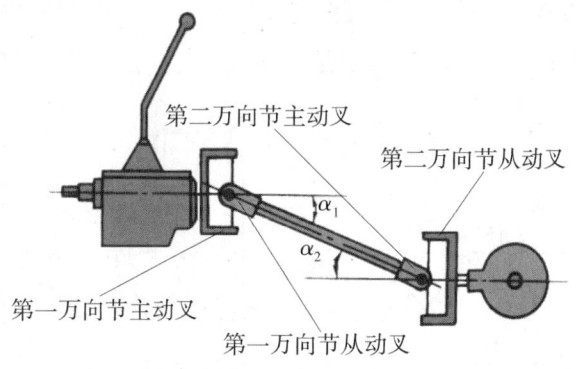

图 5-5 万向节传动的等速条件

2. 准等速万向节

准等速万向节是根据两个十字轴式刚性万向节实现等速传动的原理设计的，只能近似地实现等速传动，所以称为准等速万向节。

常见的准等速万向节结构形式有双联式万向节和三销轴式万向节两种。
(1) 双联式万向节（图5-6）。
它实际上是将中间传动轴长度缩短到最小的一种万向节，双联叉相当于两个在同一平面上的万向节叉。欲使主动偏心轴和三销轴的角速度相等，必须保证 $\alpha_1 = \alpha_2$。为此，在双联式万向节结构中装有分度机构，以使双联叉的对称线平分所连两轴的夹角。

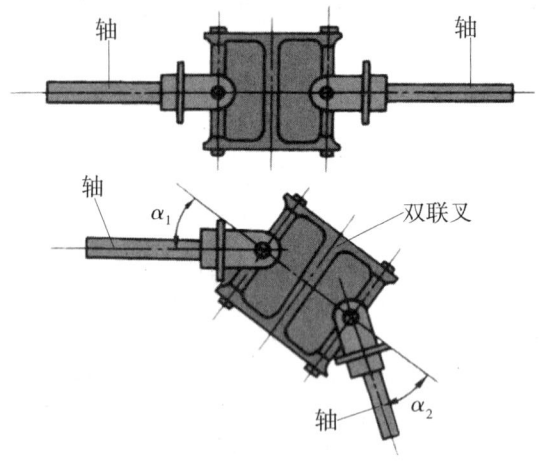

图5-6 双联式万向节

双联式万向节允许有较大的轴间夹角，且具有结构简单、制造方便、工作可靠等优点，故在转向驱动桥中的应用逐渐增多。北京吉普汽车有限公司生产的切诺基轻型越野汽车的前传动轴与分动器前输出轴之间即采用了这种万向节。
(2) 三销轴式万向节。
三销轴式万向节（图5-7）实质上是由双万向节传动演变而来的准等速万向节。它主要由主、从动偏心轴叉，三销轴及六个轴承、密封件等组成。主、从动偏心轴叉分别与转向驱动桥的内、外半轴制成一体，其上的叉孔中心线与叉轴中心线垂直但不相交。主、从动叉由两个三销轴连接。

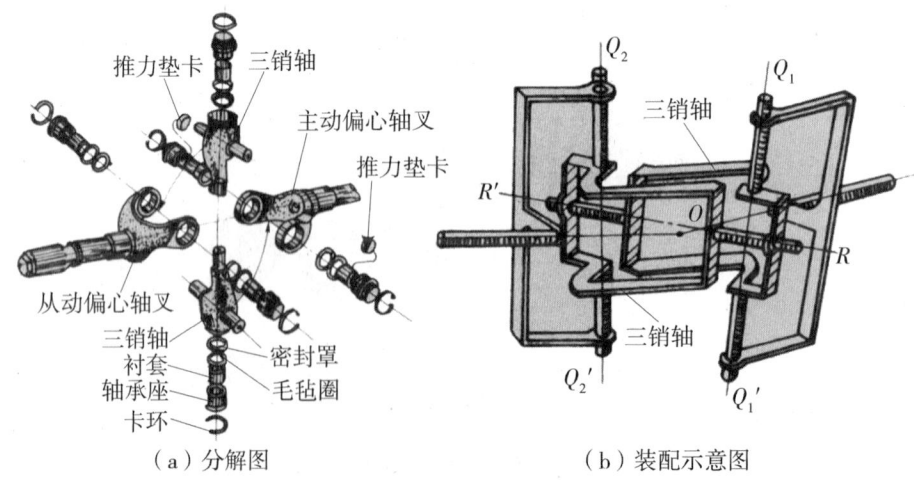

(a) 分解图　　　　　(b) 装配示意图

图5-7 三销轴式万向节

三销轴式万向节最大的特点是允许相邻两轴有较大的交角,最大可达45°。在转向驱动桥中采用这种万向节可以获得较小的转弯半径,以及较大的转向轮偏转角,提高了汽车的机动性。其缺点是结构尺寸大。

3. 等速万向节

等速万向节的基本原理是从结构上保证万向节在工作过程中的传力点始终处于两轴交角的平分面上,如图5-8所示。两齿轮夹角为 α,两齿轮啮合点 A 位于夹角的平分面上,由 A 点到两轴的距离都等于 r。在 A 点处两齿轮的圆周速度相等,因此两个齿轮旋转的角速度也相等。

目前汽车上广泛采用的等速万向节有球叉式、球笼式和三枢轴式三种形式。

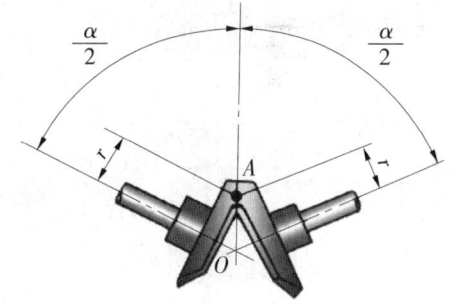

图5-8 等速万向节

(1) 球叉式万向节。

球叉式万向节(图5-9)由主动叉、从动叉、4个传动钢球和1个定心钢球组成。其主、从动叉分别与内、外半轴制成一体,叉内各有四条曲面凹槽,装合后形成两条相交的环形槽,作为钢球的滚道。4个传动钢球装于槽中,定心钢球装在两叉中心凹槽内,以确定中心。

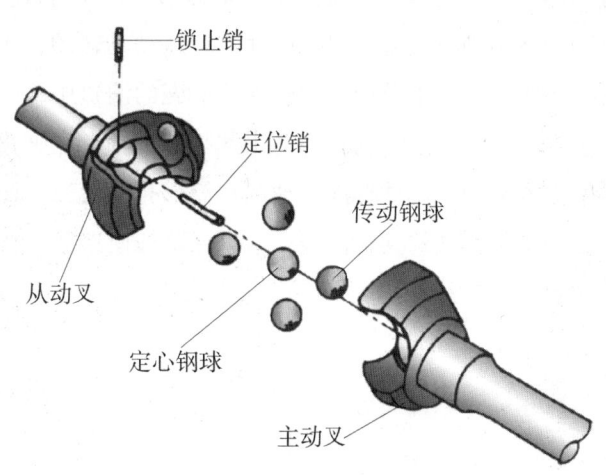

图5-9 球叉式万向节

球叉式万向节结构简单,允许轴间最大交角为32°~33°。但由于工作时只有两个传动钢球传力，而另两个钢球则在反转时传力，因此钢球与滚道之间接触压力大，磨损快，影响其使用寿命。所以，球叉式万向节通常用于中小型越野汽车转向驱动桥。

(2) 球笼式万向节。

球笼式万向节（图 5 – 10）的星形套的外表面由 6 条凹槽形成内滚道，并用内花键与主动轴相联。球形壳的内表面也有相应 6 条凹槽形成外滚道。6 个钢球分别装于各条凹槽中，并用保持架（即球笼）保持在一个平面内。这样，动力便由主动轴经钢球、球形壳输出。

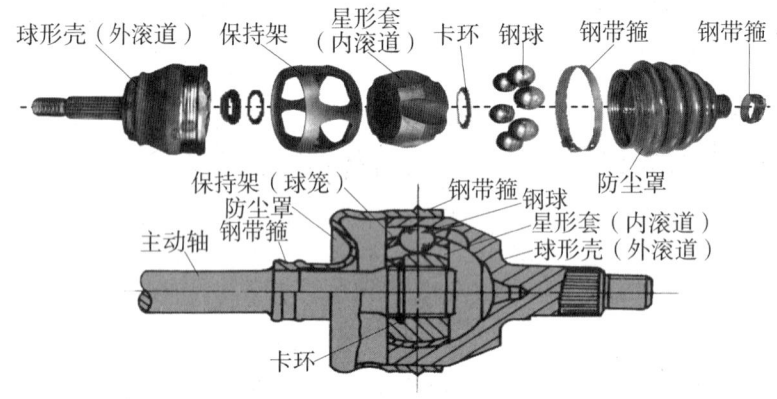

图 5 – 10　球笼式万向节

球笼式万向节可以在两轴交角高达 42°的情况下传递转矩。在工作时，无论传动方向如何，6 个钢球全部参与传力，与球叉式万向节相比，改善了受力状况，减轻了磨损，且结构紧凑、拆装方便，因此应用越来越广泛。

(3) 三枢轴式万向节。

三枢轴式万向节如图 5 – 11 所示，当筒形壳（主动轴）转动时，球形滚轮将带动三枢轴随其转动，而三枢轴与从动轴以花键连接，因而带动从动轴转动，实现动力的传递。当输出轴与输入轴没有夹角时，三枢轴及球形滚轮在筒形壳的滚道中，因三枢轴的自动定心作用，能使两轴轴线重合，两者等速传动；当输出轴与输入轴存在夹角时，随着三枢轴轴颈的倾斜，球形滚轮沿滚道滑动，使球形滚轮球面和筒形壳的滚道球面相吻合，所形成的接触母线同样是筒形壳和球形套圈的共轭曲线，可以保证球面滚子的传力点始终位于两轴交角的平分面上，同样具有等速传动特性。

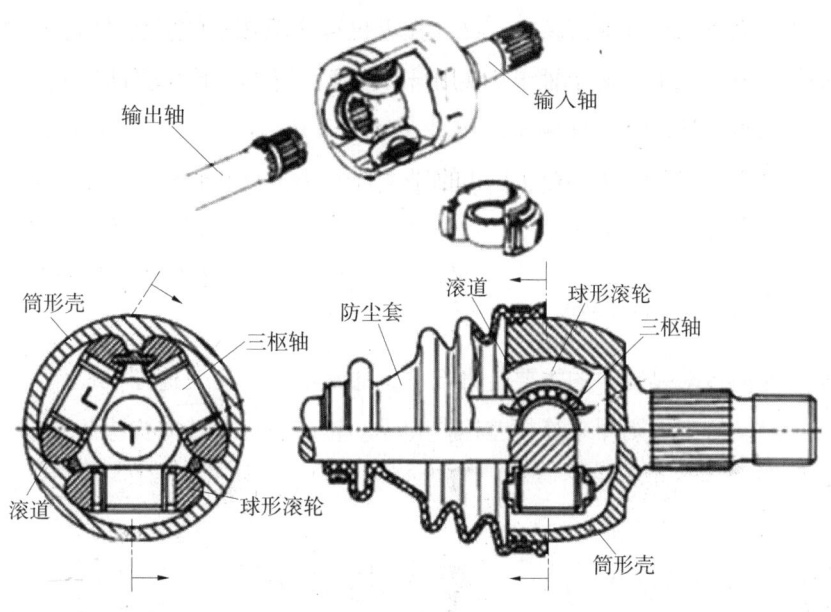

图 5 – 11 三枢轴式万向节

三枢轴式万向节具有结构简单、体积小、质量轻、润滑好、散热快、承载能力大和工作可靠等优点，因而广泛应用于汽车前后驱动桥中，特别是采用轻量化设计和布置比较困难的中小排量轿车中。

4. 挠性万向节

挠性万向节是依靠弹性元件的弹性变形以适应两轴间变交角的传动，如图 5 – 12 所示。由于弹性元件的弹性变形量有限，故挠性万向节一般用于两轴交角不大于 3°～5° 的万向传动中，通常用于连接同时安装在车架或车身上的两个部件，以消除安装误差和变形的影响。

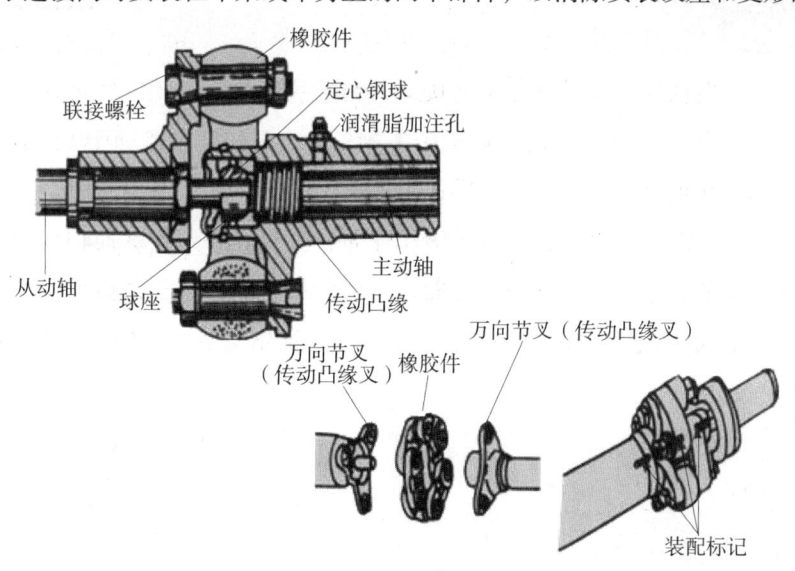

图 5 – 12 挠性万向节

凌志 LS400 轿车、部分皇冠轿车等转向操纵机构中采用了挠性万向节。6 个弹性件交错地用 6 个螺栓分别与主、从动轴上的万向节叉相联。在主、从动件之间装有定心装置，即在主动轴叉的轴心孔中装有球座定心钢球、锁止卡环、油封，从动叉轴通过油封内孔、定心钢球起定心作用。这样，避免了因万向节刚度较小，高速行驶时引起轴线偏离增大产生的振动和噪声。

（三）传动轴和中间支承

传动轴是万向传动装置中的主要传力部件，通常用来连接变速器和驱动桥；在转向驱动桥和断开式驱动桥中，则用来连接差速器和驱动轮；在汽车转向操纵机构中，用来连接转向轴和转向器。

1. 传动轴

传动轴一般有以下特点：

（1）由于变速器和驱动桥的相对位置经常发生变化，为了避免运动干涉，通常在传动轴上用滑动花键连接（图 5-13），以实现传动轴总长度的变化。

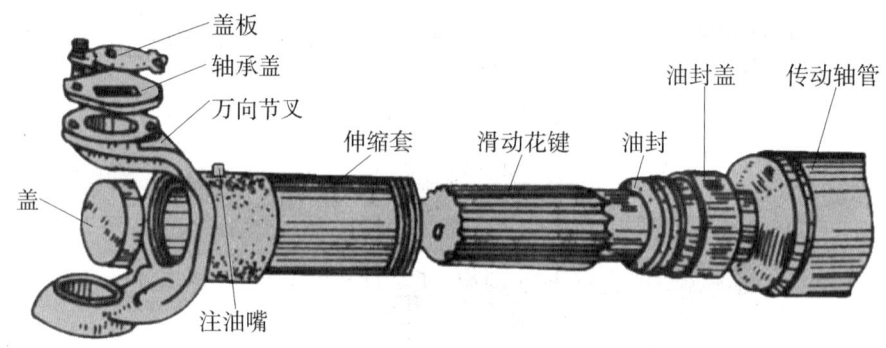

图 5-13 传动轴的滑动花键连接

（2）传动轴是高速转动件，为了避免由于离心力引起的剧烈振动，要求传动轴的质量沿圆周均匀分布。

（3）在发动机前置后轮驱动的传动系统中广泛采用的是空心传动轴。在转向驱动桥、断开式驱动桥或微型汽车的万向传动装置中，通常将传动轴制成实心轴。

（4）当传动距离较长时，往往将传动轴分段。当采用两节传动轴、三个万向节时，有两种布置形式，如图 5-14 所示。

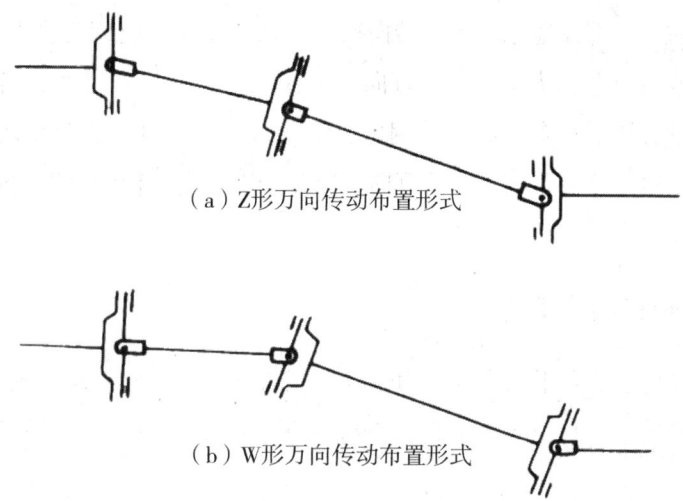

(a) Z形万向传动布置形式

(b) W形万向传动布置形式

图 5-14 传动轴的布置形式

2. 中间支承

传动轴分段时需加设中间支承。通常中间支承安装在车架横梁上,除支承传动轴外,还能补偿传动轴轴向和角度方向的安装误差及行驶过程中由于发动机窜动或车架变形等引起的位移。

图 5-15 所示为蜂窝软垫式中间支承。这种支承结构简单,效果良好,应用较广泛。部分汽车采用摆动式中间支承。

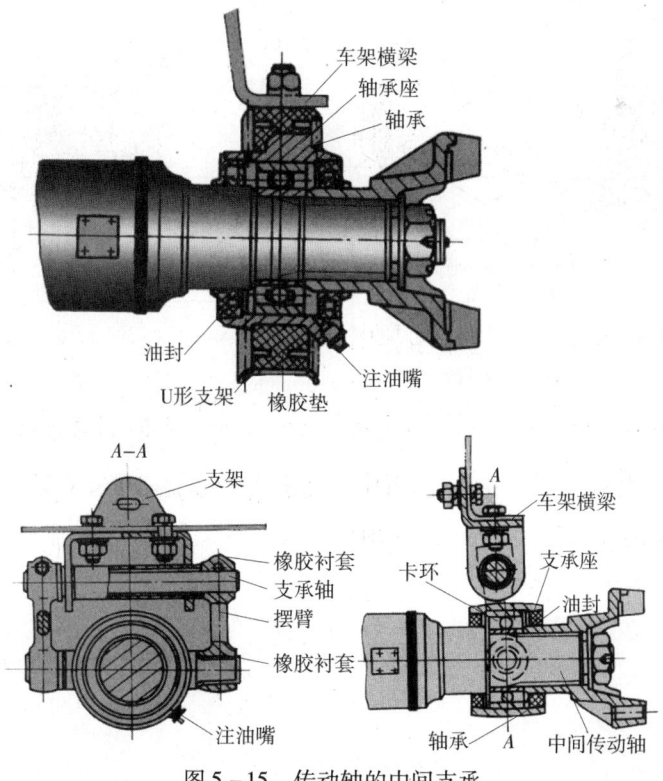

图 5-15 传动轴的中间支承

（四）传动轴抖动故障的诊断与检修

1. 故障现象

汽车行驶时传动轴发出周期性响声，车速越快时响声越大，严重时车身发生抖振，甚至握方向盘的手有麻木感。

2. 故障原因

（1）传动轴弯曲或轴管凹陷。

（2）传动轴管与万向节叉焊接时未对正或传动轴未进行动平衡。

（3）传动轴上的平衡片失落。

（4）伸缩节未按标记安装，使传动轴失去平衡，并有可能造成传动轴两端的叉不在同一平面上。

（5）中间支承吊架的固定螺栓或万向节凸缘盘连接螺栓松动，使传动轴位置偏斜。

（6）橡胶夹紧式中间支承紧固方法不妥，造成中间传动轴前端偏离原轴线。

3. 故障诊断与检修方法

传动轴抖动故障的诊断与检修按图 5-16 所示流程进行。

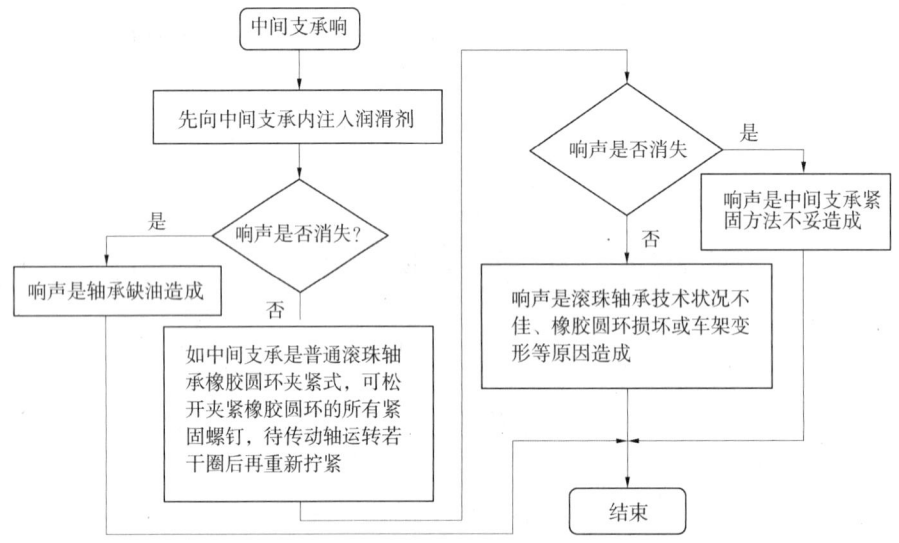

图 5-16 传动轴抖动故障的诊断与检修流程

任务六　驱动桥异响故障检修

班级：_____　姓名：_____　学号：_____　日期：_____

学习任务	驱动桥异响故障检修	教学方法	任务驱动
学习目标	1. 能够执行驱动桥检修的操作规程，树立良好的安全文明操作意识； 2. 能说出汽车驱动桥的功用、类型及组成； 3. 能够查阅维修手册或其它资源分析出驱动桥异响的故障原因； 4. 能够查阅维修手册或其它资源制订出驱动桥异响故障的检修计划； 5. 能够按照检修计划规范完成对驱动桥异响故障的检修； 6. 能够运用所学知识，为顾客使用、维护驱动桥提出合理化建议		
学习准备	1. 工具、设备： 　　汽车传动系统实验台、工具车、通用工具、拉拔器、百分表、弹簧秤及网络资源。 2. 学习材料： 　　维修手册、学习工作页、投影、白板笔、展示板、磁吸、彩纸卡片若干。 3. 耗材： 　　抹布若干、化清剂、红丹油、润滑脂		

一、明确学习任务

车主张先生购买了一辆 2012 年款沈阳金杯面包车，累计行程 85 730 公里。张先生有一天开车出行时发现：汽车在行驶中驱动桥发出异常响声，汽车加减速时响声会更大，严重时会有冲击感。

要求维修技工按照维修接待前台提供的维修工单作业，查阅维修手册、参考相关资料，在整车上排除故障，使汽车驱动桥能正常工作，并最终检验合格后交付客户。

二、收集学习资料

1. 请查阅相关资料，并描述出主减速器、差速器的功用。

主减速器：

差速器：

2. 请查阅相关资料，在下图的引出线处标注汽车驱动桥各组成部分的名称。

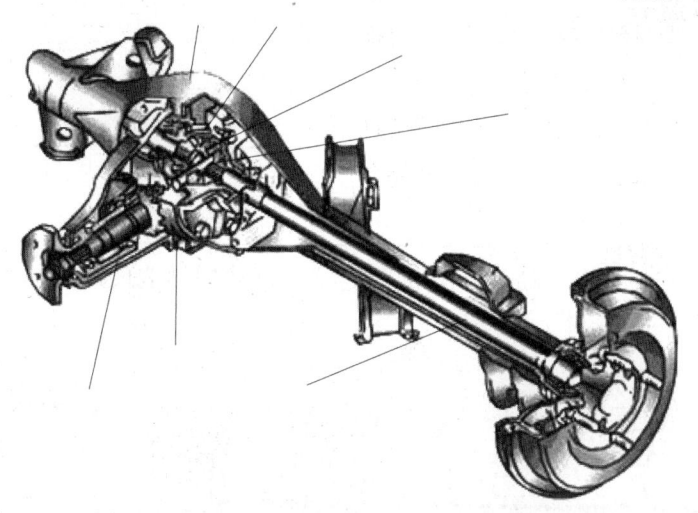

3. 请查阅相关资料，在下图的引出线处标注汽车差速器各组成部分的名称。

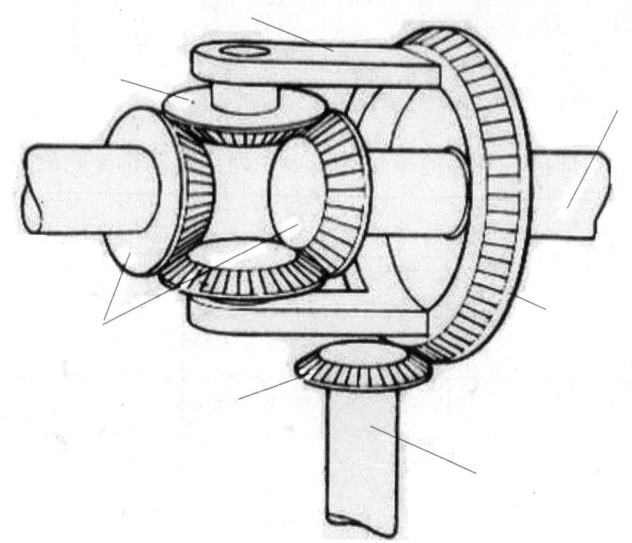

4. 主减速器按参加传动的齿轮副数目，可分为_____式主减速器和_____式主减速器。按主减速器的传动速比个数，可分为_____式和_____式主减速器。

5. 差速器按其用途分为_____差速器和_____差速器。轮间差速器装在驱动桥内，轴间差速器装在各个驱动桥之间。按工作特性分为_____差速器和_____差速器。

三、制订检修计划

1. 填写车辆信息

基本信息	车辆底盘号		车　型	
	发动机型号		累计里程	

2. 查阅维修手册或其它资源，分析可能导致驱动桥异响的故障原因，按先后顺序填写。

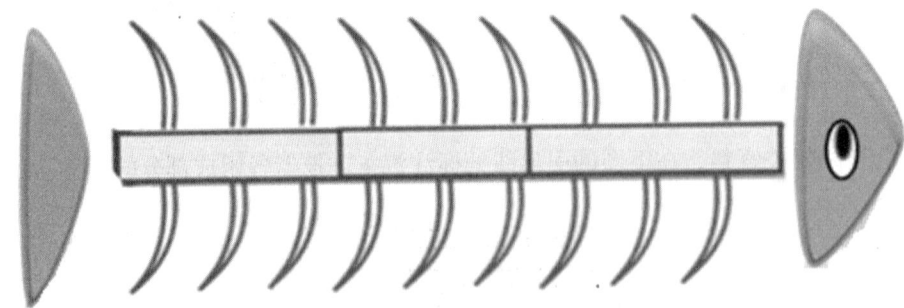

3. 请根据故障分析原因，并由简至繁在下表中列出驱动桥异响故障的检修步骤。

序号	检查项目	使用工具
1		
2		
3		
4		
5		
6		
7		
8		
9		

四、实施检修作业

(一) 主减速器的拆装

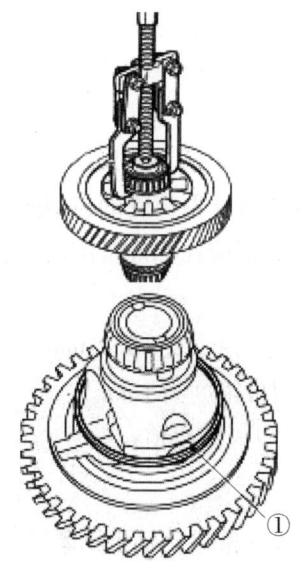

(1) 拆卸轴承。

使用冲头与合适的拉具,拆卸差速器侧轴承。

【拆卸完成/未完成】

(2) 拆卸差速器。

拆卸差速器壳上的锁止环①。拆卸差速器壳上的配对小齿轮轴、配对小齿轮和侧齿轮。

【拆卸完成/未完成】

(3) 安装主减速器。

按解体的相反顺序组装主减速器。

【完成/未完成】

(二) 主减速器与差速器的检查与调整

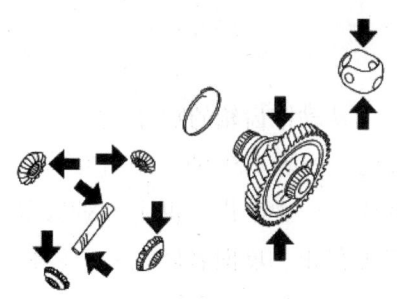

(1) 检查主减速器的零部件。

检查侧齿轮、止推环、配对小齿轮轴、配对小齿轮、锁止环与差速器壳体。如果需要,用新部件更换故障零部件。

【正常/不正常】

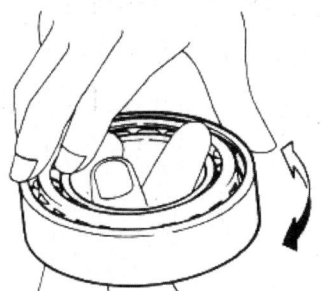

(2) 检查轴承。

检查轴承有无损坏或转动不良。如果需要,用新部件更换故障零部件。

【正常/不正常】

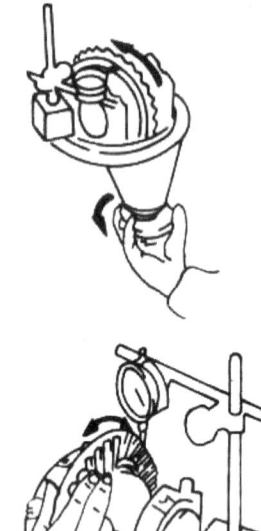

(3) 检查从动锥齿轮端面圆跳动量。

用百分表检查主减速器从动锥齿轮端面圆跳动量，其值须在标准范围内，否则须维修或更换。

标准值：不得超过0.05mm，最大极限值为0.1mm。

测量值：_____ mm

(4) 检查主减速器的齿侧间隙。

用百分表检查主减速器齿轮的齿侧间隙、半轴齿轮的齿侧间隙，其值应在标准范围内，否则须维修或调整。

标准值：新齿轮为0.10~0.35mm，大修允许值为0.70mm，使用极限度为1mm。

测量值：_____ mm

(5) 检查主动锥齿轮轴承预紧度。

用弹簧秤测量主动锥齿轮轴承的预紧度是否在标准范围内，否则应进行调整。

标准值：11.3~25.9N。

测量值：_____ N

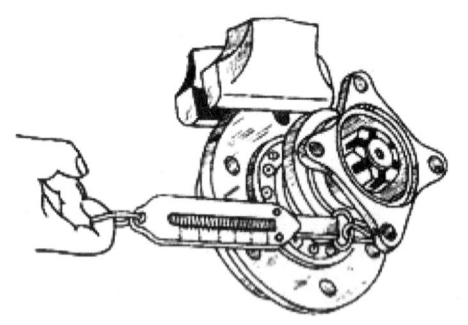

(6) 检查主、从动锥齿轮的啮合印迹。

在主动锥齿轮上相隔120°的三处用红丹油在齿的正反面各涂2~3个齿，再用手对从动锥齿轮稍施加阻力并正、反向各转动主动齿轮数圈，观察从动锥齿轮上的啮合印痕。

正确的啮合印痕如左侧图所示，应位于齿高的中间偏小端，并占齿宽60%以上。

【正常/不正常】

五、学业评估

各学习小组进行自我评价、相互评价，完成学业评估表的相应内容填写。

学业评估表

项　　目	评价内容	评价等级		
		😎	🙂	☹️
自我评价	学到的知识点：			
	学到的技能：			
	不理解的有：			
	还需要深入学习并提升的有：			
组内评价	○按时到场　　○工装齐备　　○书、本、笔齐全			
	○安全操作　　○责任心强　　○7S管理规范			
	○学习积极主动　　○合理使用教学资源　　○主动帮助他人			
	○接受工作分配　　○有效沟通　　○高效完成工作任务			
组间评价	项目	本组	他组	
	计划的合理性			
	计划的执行性			
	工作完成度			
	优点			
	改进之处			
	其它			
小组评语及建议	他（她）做到了：	组长签名： 　　年　　月　　日		
	他（她）的不足：			
	给他（她）的建议：			
老师评语及建议		评价等级： 教师签名： 　　年　　月　　日		

六、相关知识

驱动桥是指变速器与驱动轮之间除联轴器及传动轴以外的所有传动部件和壳体的总称。驱动桥的主要功用：一是将万向传动装置传来的发动机转矩通过主减速器、差速器、半轴等传到驱动轮，并实现减速增矩；二是通过主减速器圆锥齿轮副改变转矩传递方向，使其与车辆行进方向相符；三是通过差速器保证内、外侧车轮以不同转速实现车辆的转向。

（一）驱动桥

1. 驱动桥的结构

驱动桥由主减速器、差速器、半轴和桥壳等组成，如图6-1所示。各部件的作用如下：

（1）主减速器：降速、增矩、变向。

（2）差速器：使两侧驱动轮不等速旋转。

（3）半轴：将扭矩从差速器传至驱动桥。

（4）桥壳：各部件的安装基础，承重且承力。

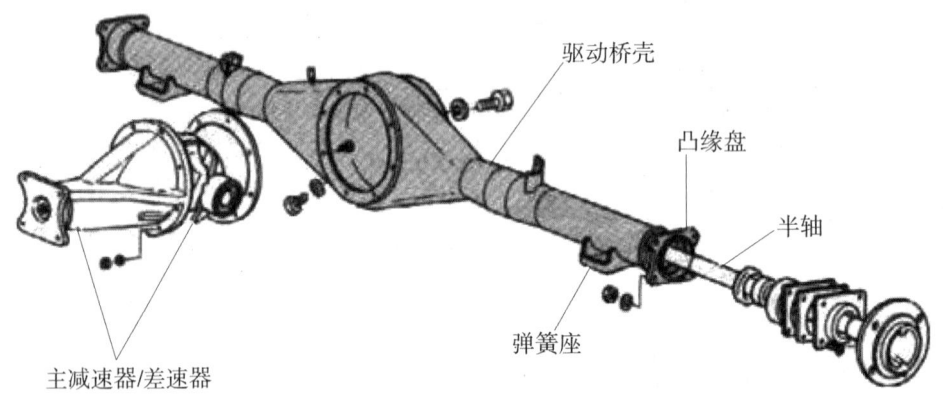

图6-1 汽车驱动桥的结构

2. 驱动桥的类型

驱动桥一般可分为整体式和断开式两种。

（1）整体式驱动桥。

整体式驱动桥（图6-2）采用非独立悬架，其驱动桥壳为一刚性的整体，驱动桥两端通过悬架与车架连接，左右半轴始终在一条直线上，即左右驱动轮不能相互独立地跳动。当某一侧车轮通过地面的凸出物或凹坑升高或下降时，整个驱动桥及车身都要随之发生倾斜，车身颠波频繁。

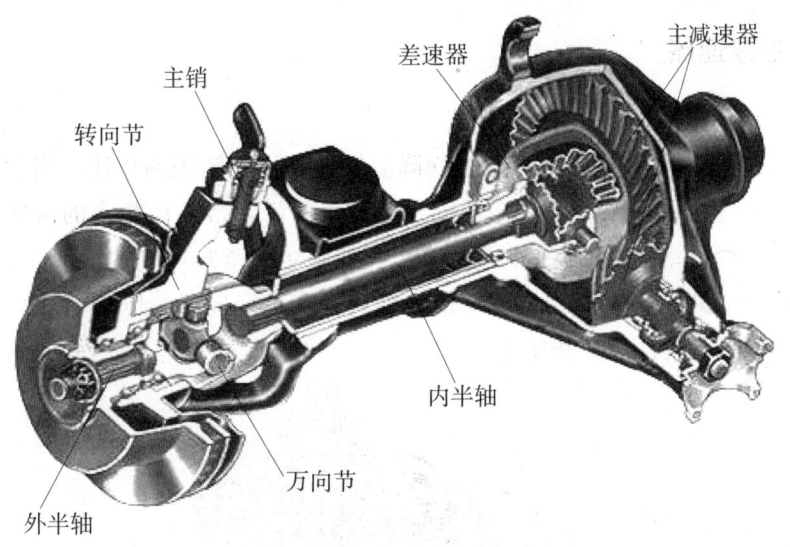

图6-2 整体式驱动桥的结构

(2) 断开式驱动桥。

断开式驱动桥采用独立悬架,如图6-3所示。其主减速器固定在车架上,驱动桥壳制成分段并用铰链连接,半轴也分段并用万向节连接。驱动桥两端分别用悬架与车架(或车身)连接。这样,两侧的驱动轮及桥壳可以彼此独立地相对于车架上下跳动。

为了与独立悬架相适应,驱动桥壳需要分为用铰链连接的几段,更多的是只保留主减速器壳(或带有部分半轴套管)部分,主减速器壳固定在车架或车身上,这种驱动桥称为断开式驱动桥。为了适应驱动轮独立上下跳动的需要,差速器与车轮之间的半轴也要分段,各段之间用万向节连接。

具有转向功能的驱动桥,又称之为转向驱动桥。前轮驱动汽车的前桥都是转向驱动桥。

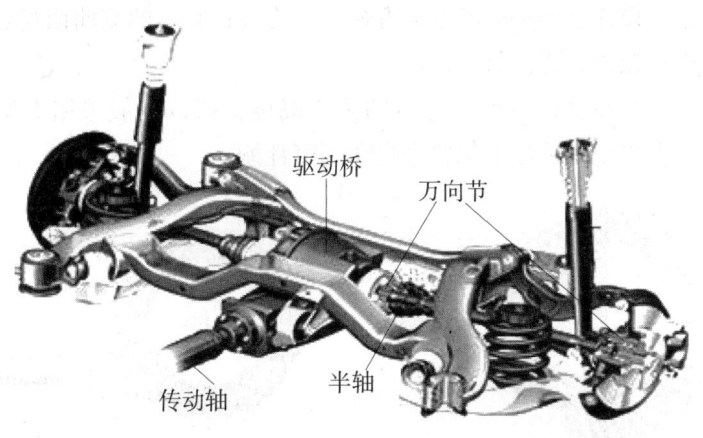

图6-3 断开式驱动桥的结构

（二）主减速器

1. 主减速器的功用

主减速器（图6-4）在传动系统中起降低转速、增大转矩的作用。当发动机纵置时还具有改变转矩旋转方向的作用。它是依靠齿数少的齿轮带动齿数多的齿轮来实现减速的，采用圆锥齿轮传动则可以改变转矩旋转方向。将主减速器布置在动力向驱动轮分流之前的位置，有利于减小其前面的传动部件（如离合器、变速器、传动轴等）所传递的转矩，从而减小这些部件的尺寸和质量。

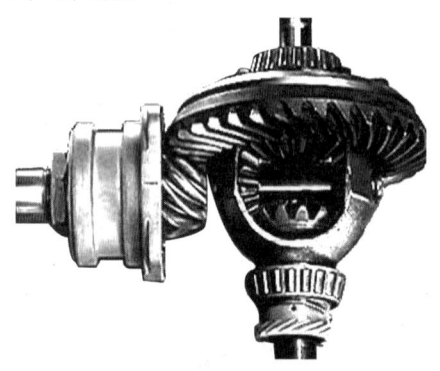

图6-4　主减速器

锥齿轮传动主减速器一般有螺旋锥齿轮传动与双曲面齿轮传动两种形式，如图6-5所示。双曲面齿轮也叫准双曲面齿轮，是锥齿轮传动的一种，一般的螺旋锥齿轮传动是轴线垂直且相交，而准双曲面齿轮的轴线垂直但不相交，有一定的偏置量。双曲面齿轮传动主减速器有如下特点：

①同样体积能够实现较大的传动比。

②小轮的螺旋角加大，因此提高了小轮的强度。小轮是此齿轮副中强度较弱的，考虑到等寿命设计，这个设计会增加齿轮副的寿命，因为现在常见的双曲面齿轮需要配对，无法实现互换，所以一轮报废要换整套齿轮。

③因为偏置量的存在会改变整个底盘的重心高度，所以一般采用下偏置来提高平稳性，但是对于越野车来说要采用上偏置来提高越野性能。

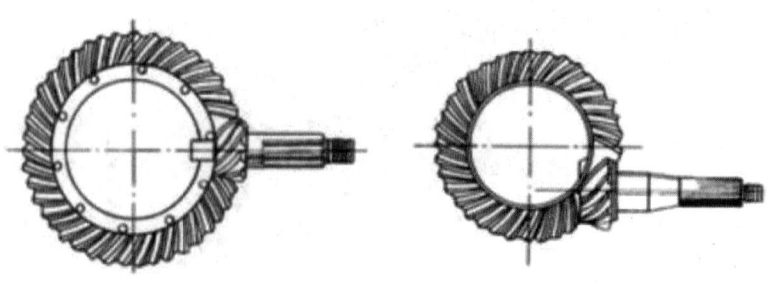

（a）螺旋锥齿轮传动　　　　　　（b）双曲面齿轮传动

图6-5　锥齿轮传动主减速器

2. 主减速器的类型

主减速器按参加传动的齿轮副数目，可分为单级式主减速器和双级式主减速器。有些重型汽车将双级式主减速器的第二级圆柱齿轮传动装置设置在两侧驱动轮处，称为轮边减速器。

按主减速器的传动速比个数，可分为单速式和双速式主减速器。单速式的传动比是一定值，目前，国产汽车基本都采用了传动比固定的单速式主减速器。而双速式则设有供选择的两个传动比（即两条传动路线），这种主减速器实际上又起到了副变速器的作用。

按齿轮副结构形式，可分为圆柱齿轮式（又可分为定轴轮系和行星轮系）主减速器和圆锥齿轮式（又可分为螺旋锥齿轮式和双曲面齿轮式）主减速器。

（1）单级主减速器。

单级主减速器（图6-6）具有结构简单、质量和体积小、传动效率高的优点，且动力性能满足中型以下货车及轿车的要求。因此，中型以下货车及轿车普遍采用单级主减速器。

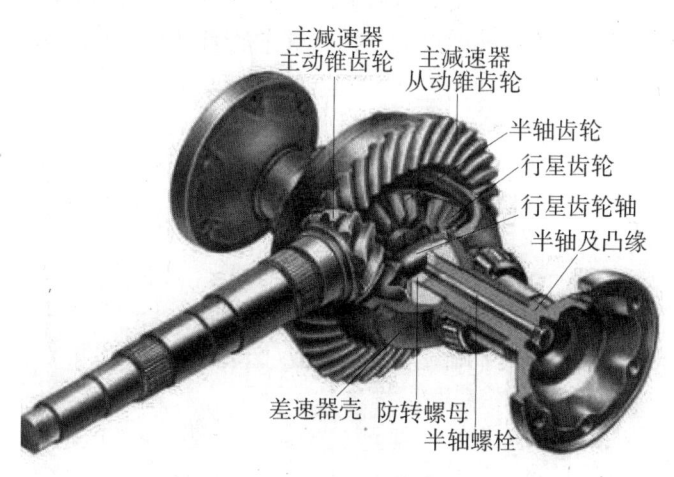

图6-6 单级主减速器

单级主减速器动力传递路径是：万向传动装置传来的动力由叉形凸缘经花键传给主动锥齿轮、从动锥齿轮，减速变向后，通过螺栓传给差速器壳，由差速器行星齿轮传给两侧半轴齿轮，最后通过半轴带动驱动轮旋转。

当发动机横向布置时，由于主减速器主动齿轮轴线与差速器轴线平行，因此主减速器采用一对斜齿圆柱齿轮传动即可，无须改变动力的传递方向，如图6-7所示。

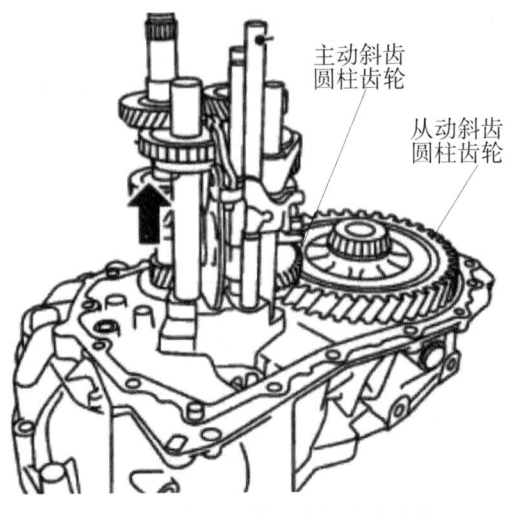

图 6-7 发动机横置单级主减速器

（2）双级主减速器。

当汽车要求主减速器具有较大的传动比时，由一对锥齿轮构成的单级主减速器已不能保证足够的离地间隙。这时需要采用两对齿轮降速的双级主减速器（图 6-8），以使其既能保证足够的动力，又能减小其外廓尺寸，提高汽车的通过性。双级主减速器第一级为锥齿轮传动，第二级为圆柱斜齿轮传动。

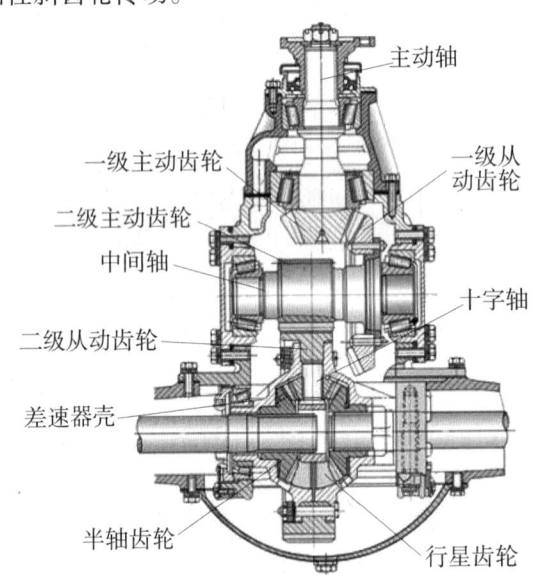

图 6-8 双级主减速器

（3）双速主减速器。

为了提高汽车的动力性和经济性，有些汽车的主减速器具有两个挡，即有两个传动比，可根据行驶条件的变化改变挡位，这种主减速器称为双速主减速器。

图 6-9 为行星齿轮式双速主减速器传动示意图。它由一对圆锥齿轮、一套行星齿轮

机构及其操纵机构组成。

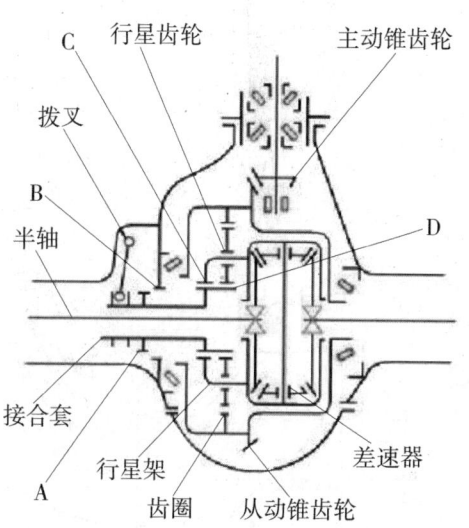

图6-9 行星齿轮双速主减速器结构示意图

当需要在高速挡行驶时,可通过拨叉使接合套的长齿圈D(中心齿轮)左移,将行星架内齿圈C与行星齿轮连成一体。行星齿轮不能自转,因此行星齿轮机构不起减速作用,即差速器壳与从动锥齿轮一起以相同转速旋转,传动比等于1(即直接传动)。这时,主减速器相当于单级圆锥齿轮传动,主减速器的传动比等于圆锥齿轮传动的传动比。

(4)贯通式主减速器

有些多轴驱动的越野汽车,为了简化结构、增大离地间隙,分动器到同一方向的两驱动桥之间只有一套万向传动装置。这样,传动轴须从离分动器较近的驱动桥中穿过,再通向离分动器较远的驱动桥。这种被传动轴穿过的驱动桥称为贯通式驱动桥,如图6-10b所示,相应的主减速器称为贯通式主减速器。

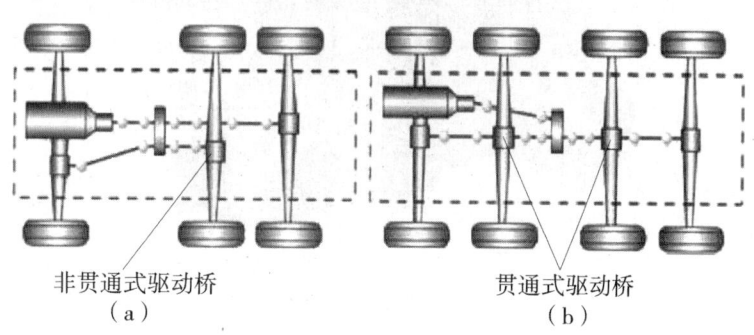

图6-10 非贯通式驱动桥与贯通式驱动桥

图6-11所示为延安SX2150型6×6越野汽车贯通式双级主减速器(中驱动桥上)。第一级传动为圆柱齿轮,传动比为1.19。主动圆柱齿轮用花键套装在贯穿轴上,贯穿轴穿出驱动桥壳通向后驱动桥。第二级传动为锥齿轮,传动比为5.429。故主减速器传动比$i = 1.19 \times 5.429 = 6.46$。从动锥齿轮用铆钉铆接在差速器壳上,带动差速器旋转工作。在某

些汽车贯通式主减速器结构中，也有第一级用锥齿轮传动，第二级用圆柱齿轮传动的。

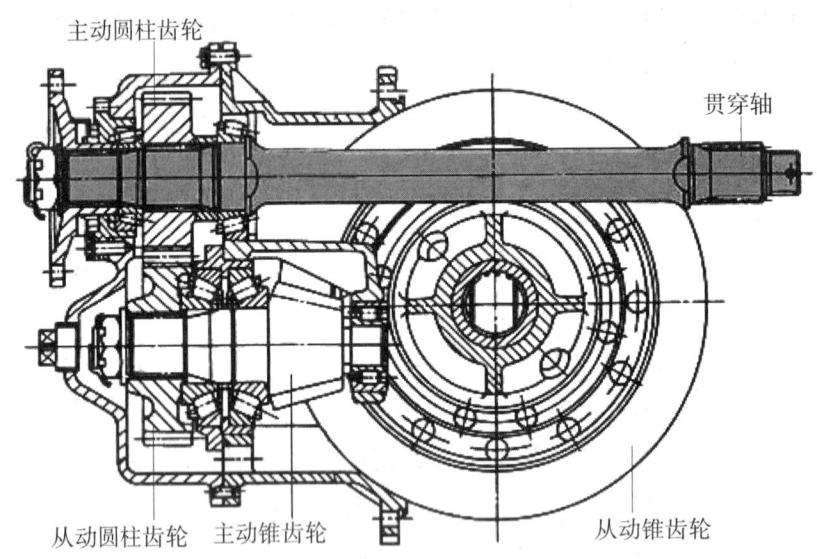

图6-11　贯通式主减速器

3. 主减速器的结构

单级主减速器一般由传动轴、主动齿轮、从动齿轮、支承轴承、调整垫片等组成，如图6-12所示。

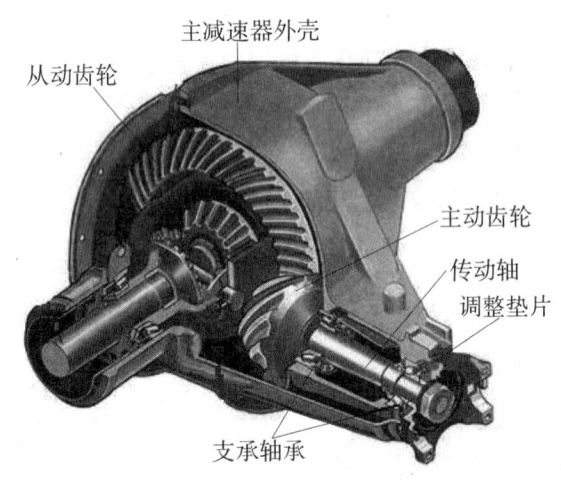

图6-12　单级主减速器的结构

4. 主减速器的调整

主减速器的调整包括主、从动圆锥齿轮轴承预紧度的调整（含差速器轴承预紧度的调整），主、从动圆锥齿轮啮合印痕和啮合间隙的调整等项目。主减速器的调整质量是决定主减速器圆锥齿轮副使用寿命的关键。因此，在进行调整作业时，必须遵守主减速器的调整规则：先调整轴承的预紧度，再调整啮合印痕，最后调整啮合间隙。主、从动圆锥齿轮轴承的预紧度必须按原厂规定的数值和方法进行调整与检查。在主减速器调整过程中，轴承的预紧度不得变更，始终都应符合原厂规定值。在保证啮合印痕合格的前提下，调整啮合间隙，且啮合印痕、啮合间隙和啮合间隙的变化量都必须符合技术条件，否则应成对更换齿轮副。

（1）轴承预紧度的调整。

安装主、从动锥齿轮轴上所采用的圆锥滚子轴承时，应具有一定的预紧力，以消除轴承多余的轴向和径向间隙，平衡一部分前后轴承的轴向负荷。这对主、从动锥齿轮工作时保持正确的啮合，前后轴承获得较为均匀的磨损，都是十分必要的。

主动锥齿轮轴承预紧度的调整方法有两种：

①通过增减调整垫片进行调整。如在两轴承之间隔套前装有调整垫片（图6-13a），或在轴肩前装有调整垫片（图6-13b），增减调整垫片的厚度即可改变两轴承内圈压紧后的距离，从而使轴承预紧度得到调整。预紧度是否符合要求，可测量转动凸缘盘的力矩来判断。若所测得的力矩大于标准值，说明轴承的预紧度过大，应适当增加调整垫片的厚度。另外，有的两轴承内圈之间的距离已定，而在主减速器油封后面装有调整垫片（图6-13c），增减此垫片厚度即可改变两轴承外圈之间的距离，以调整轴承预紧度。与此类同，有的汽车不用调整垫片，而是通过精选隔套长度来调整轴承预紧度（图6-13d）。

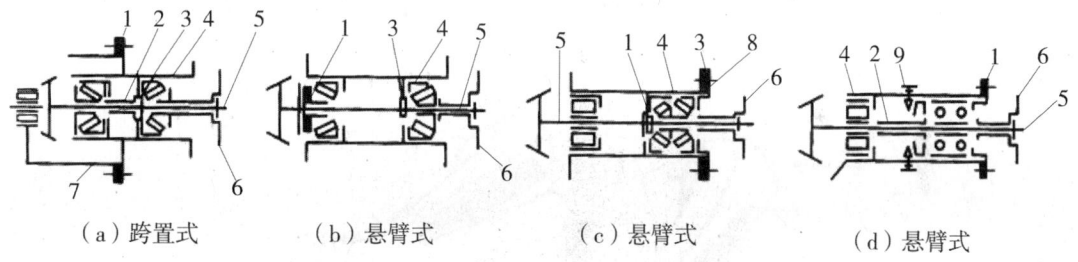

(a) 跨置式　　(b) 悬臂式　　(c) 悬臂式　　(d) 悬臂式

图6-13　增减垫片调整主减速器轴承预紧度

1—主动锥齿轮啮合状况调整垫片　2—隔套　3—轴承预紧度调整垫片
4—主动锥齿轮轴承座　5—主动锥齿轮轴　6—凸缘盘
7—主减速器　8—油封盖　9—调整螺栓

②用一个弹性隔套来调整轴承的预紧度。如图6-14所示，装配时，在前后轴承内圈之间放置一个可压缩的弹性薄壁隔套，按规定力矩拧紧凸缘盘固定螺母时，隔套产生弹性变形，其张力自动适应对轴承预紧度的要求。由于隔套的弹性衰退，调整时每次都必须换用新的隔套。

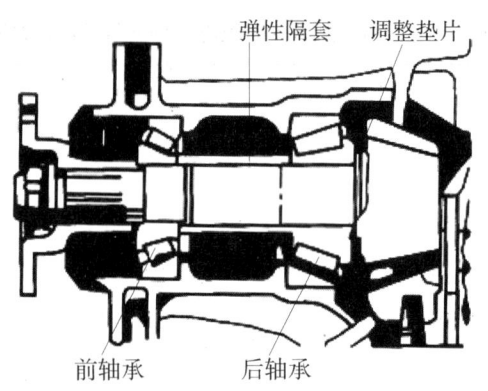

图6-14 用弹性隔套调整主减速器轴承预紧度

(2) 主、从动锥齿轮啮合印痕与齿侧间隙的调整。

锥齿轮副必须有正确的啮合印痕与齿侧间隙，才能正常工作并达到正常的使用寿命。正确的啮合印痕与齿侧间隙是通过齿轮的轴向移动改变其相对位置来实现的。因此，锥齿轮传动机构都有轴向位置调整装置，即啮合印痕与齿侧间隙调整装置。

对主、从动锥齿轮啮合印痕与齿侧间隙的调整要求为：主、从动锥齿轮应沿齿长方向接触，其位置控制在齿轮的中部偏向小端，离小端端部 2～7mm。接触痕迹的长度不小于齿长的50%，齿高方向的接触印痕应不小于齿高的50%，一般应距齿顶 0.80～1.60mm（图6-15）。齿侧间隙为 0.15～0.50mm，但每一对锥齿轮副啮合间隙的变动量不得大于 0.15mm。

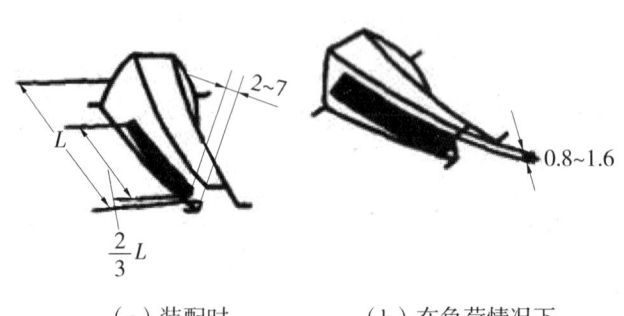

（a）装配时　　（b）在负荷情况下

图6-15 从动锥齿轮正确接触情况

装配时，如检查发现主、从动锥齿轮的啮合印痕和齿侧间隙不符合要求，可参照表6-1的方法进行调整。这种调整方法可简化为如下的口诀：大进从、小出从；顶进主、根出主。用这种方法调整时，要注意保证齿侧间隙不得小于最小值。值得注意的是，锥齿轮的生产厂家不同，其调整的方法也不同。因此，调整时一定要仔细阅读厂家维修手册再进行作业。

表 6-1 锥齿轮副啮合印痕与齿侧间隙的调整方法

从动齿轮面接触区		调整方法	齿轮移动方向
向前行驶	向后行使		
		当啮合印痕偏大端时，将从动齿轮向主动齿轮移近。若此时齿侧间隙过小，则将主动齿轮向外移开	
		当啮合印痕偏小端时，将从动齿轮自主动齿轮移开。若此时齿侧间隙过大，则将主动齿轮向内移近	
		当啮合印痕偏齿顶时，将主动齿轮向从动齿轮移近。若此时齿侧间隙过小，则将从动齿轮向外移开	
		当啮合印痕偏齿根时，将主动齿轮自从动齿轮移开。若此时齿侧间隙过大，则将从动齿轮向内移近	

（三）差速器

1. 差速器的功用

（1）差速器使左右车轮能以不同的转速进行纯滚动转向或直线行驶。这就是差速特性（即 N 特性）。

（2）把主减速器传来的扭矩平分给两半轴，使两侧车轮驱动力尽量相等。这就是扭矩等分特性（即 M 特性）。

2. 差速器的分类

差速器按其用途分为轮间差速器和轴间差速器。轮间差速器装在驱动桥内，轴间差速器装在各个驱动桥之间。

按工作特性分为普通差速器和防滑差速器。

3. 差速器的结构

普通齿轮式差速器有锥齿轮式和圆柱齿轮式两种。目前，锥齿轮式差速器因其结构简单、紧凑，工作平稳，而得到广泛应用。

图 6-16 所示为行星锥齿轮差速器，它由 4 个行星锥齿轮、1 个十字形行星锥齿轮轴（简称十字轴）、2 个半轴锥齿轮、差速器壳以及垫片等组成。主减速器的从动锥齿轮用铆钉或螺栓固定在差速器壳左半部的凸缘上。装配时，十字形的行星齿轮轴的 4 个轴颈嵌在

差速器壳两半端面上的半圆槽所形成的孔中。差速器壳的剖分面通过行星齿轮轴各轴颈中心线。十字轴的 4 个装配孔是由左、右两半差速器壳装合后加工而成，装配时不许周向错位。行星锥齿轮分别松套在十字轴的 4 个轴颈上，两个半轴锥齿轮分别与 4 个行星锥齿轮啮合，以其轴颈支承在差速器壳中，并以花键孔与半轴连接。行星锥齿轮背面与差速器壳的内表面均制成球面，以保证行星锥齿轮的对中性，使其与两个半轴锥齿轮能正确啮合。行星锥齿轮和半轴锥齿轮的背面与差速器壳之间均装有推力垫片，用以减轻摩擦面间的摩擦和磨损，提高差速器的使用寿命，且使用中还可以通过更换垫片来调整齿轮的啮合间隙。

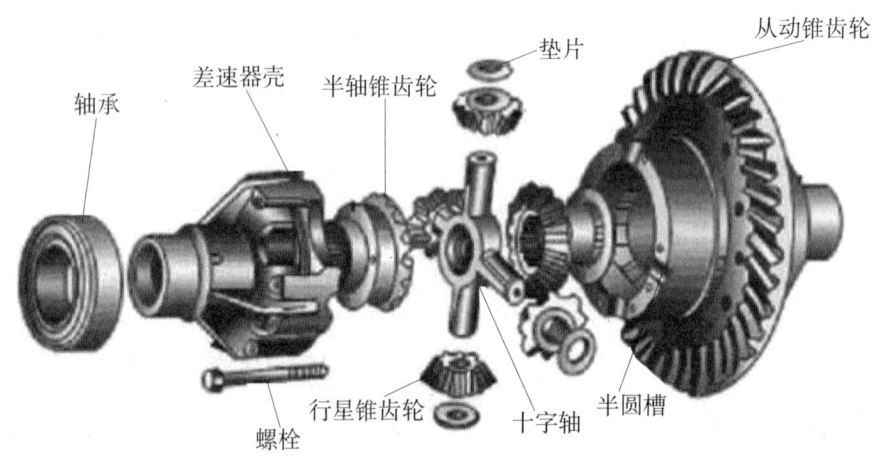

图 6-16 差速器的结构

差速器靠主减速器壳内的齿轮油来润滑，因此，差速器壳上开有供润滑油进出的窗孔。为了保证行星锥齿轮与十字轴轴颈之间的润滑，在十字轴轴颈上铣有平面，并在行星锥齿轮的齿间钻有油孔与其中心孔相通。同样，半轴锥齿轮齿间也钻有油孔，与其背面相通以加强背面与差速器壳之间的润滑。

4. 差速器的工作原理

（1）行星锥齿轮只随行星架绕差速器旋转轴公转时，差速器不起作用，半轴角速度等于差速器壳的角速度。图 6-17 为行星锥齿轮差速器的运动原理图。差速器壳与行星锥齿轮轴连成一体并由主减速器从动齿轮带动一起转动，是差速器的主动件，设其转速为 n_0。两半轴锥齿轮为从动件，设它们的转速分别为 n_1 和 n_2。A，B 两点分别为行星锥齿轮与两半轴锥齿轮的啮合点。C 点为行星锥齿轮的中心。A，B，C 点到差速器旋转轴线的距离相等。

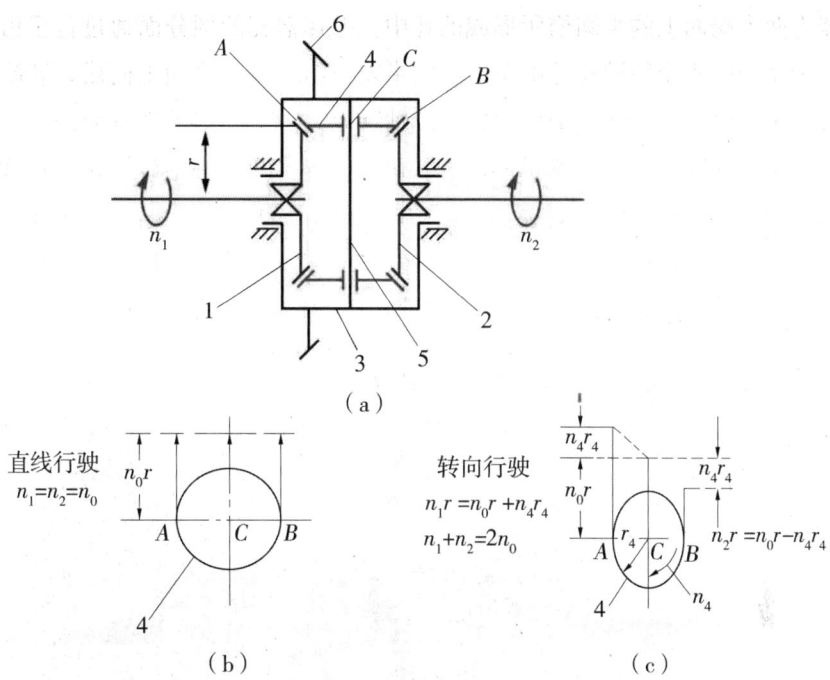

图 6-17 差速器的工作原理

（2）行星锥齿轮除公转外，还绕行星锥齿轮轴自转，左右两半轴锥齿轮转速之和等于差速器壳转速的两倍，与行星锥齿轮转速无关。当两侧驱动轮所受的行驶阻力相等，两侧车轮转速相等时（如直线行驶时），两侧车轮施加于半轴锥齿轮的反作用力相等，由于两半轴锥齿轮的半径相等均为 r，故通过两啮合点 A、B 施加于行星锥齿轮的力也相等。行星锥齿轮相当于一个等臂的杠杆，保持平衡，即行星锥齿轮不自转，而只随行星锥齿轮轴及差速器壳一起公转，所以两半轴无转速差，如图 6-17b 所示，差速器不起作用。

即：$n_1 + n_2 = 2n_0$ 且 $n_1 = n_2 = n_0$

当两侧驱动轮所受的行驶阻力不相等（如汽车转弯）时，通过半轴及半轴锥齿轮反作用于行星锥齿轮两啮合点的力将不相等，从而破坏了行星锥齿轮的平衡，使得行星锥齿轮除了随差速器壳一起公转外，还要绕行星锥齿轮轴自转。设行星锥齿轮的自转速度为 n_4，方向如图 6-17c 所示，则半轴锥齿轮 1 的转速加快，而半轴锥齿轮 2 的转速减慢。因 $AC = CB$，所以半轴锥齿轮 1 转速的增加值等于半轴锥齿轮 2 转速的减小值。设半轴锥齿轮转速的增减值为 Δn，则两半轴的转速分别为

$n_1 = n_0 + \Delta n$

$n_2 = n_0 - \Delta n$

这就是差速器的差速作用。即汽车在转弯或其它情况下行驶，两侧车轮有滑转和滑移

趋势时，行星锥齿轮便发生自转，借行星锥齿轮的自转，使两侧车轮以不同的转速在地面上滚动。

显然此时仍有 $n_1 + n_2 = 2n_0$

上式即为行星锥齿轮差速器的运动特性方程式。它表明差速器无论差速与否，都具有两半轴锥齿轮转速之和始终等于差速器壳转速的两倍，而与行星锥齿轮自转速度无关。

5．防滑差速器

（1）防滑差速器的结构。

防滑差速器（图6-18）可以使一侧驱动轮在打滑空转的同时，将大部分或全部转矩传给不打滑的驱动轮，以利用这一驱动轮的附着力产生较大的驱动力矩使汽车行驶。

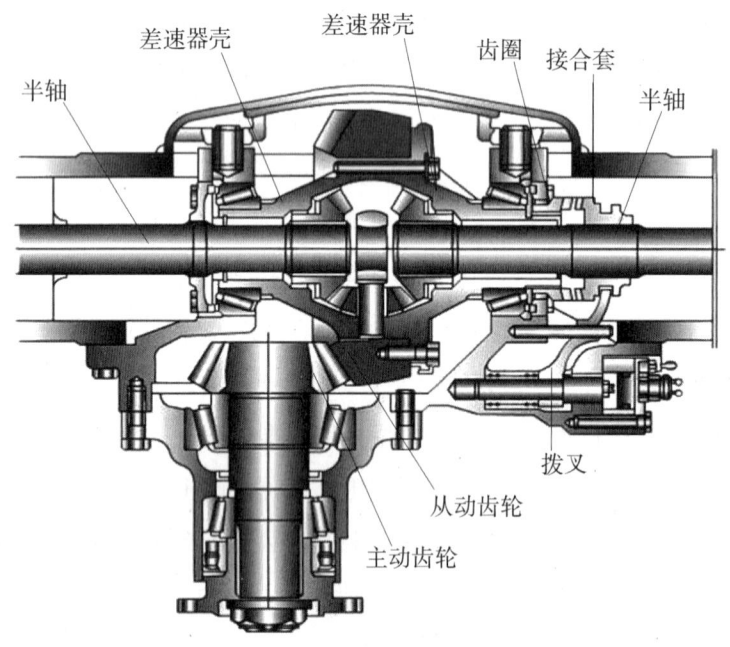

图6-18　防滑差速器的结构

汽车上常用的防滑差速器有人工强制锁止式和自锁式两大类。前者通过驾驶员操纵差速锁，人为地将差速器暂时锁住，使差速器不起差速作用；后者是在汽车行驶过程中，根据路面情况自动改变驱动轮间的转矩分配。常用的自锁式差速器有摩擦片式和托森式等多种结构。

（2）强制锁止式差速器。

强制锁止式差速器就是在行星锥齿轮差速器上装设了差速锁，需要时，由驾驶员操纵差速锁，使差速器不起差速作用，相当于把左右两半轴连锁成一整体。强制锁止式差速器结构简单、易于制造，但操纵不便，一般要在停车时进行操作。

（3）自锁式差速器。

摩擦片式自锁差速器是在普通行星锥齿轮差速器的基础上发展而成的。它在两半轴锥齿轮背面与差速器壳之间各装有一套摩擦式离合器，以增加差速器内的摩擦力矩，如图6-19所示。摩擦式离合器由推力压盘、主动摩擦片、从动摩擦片组成。推力压盘上的内花键与半轴相连，而其上的外花键与从动摩擦片的内花键连接。主动摩擦片的外花键与差速器壳的内花键连接。推力压盘及主、从动摩擦片均可做微小的轴向移动。十字轴由两根互相垂直的行星锥齿轮轴组成，其端部均切有凸V形斜面，差速器壳上与之相配合的孔稍大于轴，且有凹V形斜面。两根行星锥齿轮轴的V形面是反向安装的。

当两侧驱动轮阻力相同，两半轴无转速差时，转矩平均分配给两半轴。由于差速器壳通过V形斜面驱动行星锥齿轮轴，在传递转矩时，斜面上产生的平行于差速器轴线的轴向分力迫使两根行星锥齿轮轴分别向左、右方向略微移动，通过行星锥齿轮推动推力压盘压紧摩擦片。此时转矩经两条路线传给半轴：一路经行星锥齿轮轴、行星锥齿轮和半轴锥齿轮将大部分转矩传给半轴；另一路则由差速器壳、主动摩擦片、从动摩擦片、推力压盘传给半轴。

当一侧车轮在坏路面上滑转或转弯时，两侧驱动轮阻力不相等，差速器起差速作用，使两半轴转速不相等，即一侧半轴的转速高于差速器壳的转速，另一侧半轴的转速低于差速器壳的转速。这样，由于转速差及轴向力的存在，主、从动摩擦片间将产生摩擦力矩，且经从动摩擦片及推力压盘传给两半轴的摩擦力矩方向相反（与快转半轴的转向相反，而与慢转半轴的转向相同），使得慢转半轴所分配到的转矩大于快转半轴所分配到的转矩。摩擦作用越强，两半轴的转矩差越大，最大可达5～7倍。

摩擦片式自锁差速器结构简单、工作平稳，多用于轿车或轻型货车上。

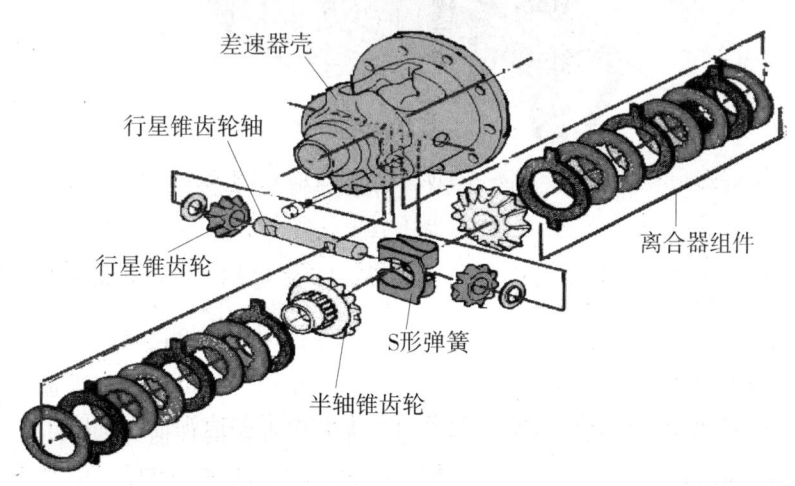

图6-19 摩擦片式自锁差速器的结构

（四）半轴

1. 半轴的功用和工作原理

半轴是差速器与驱动桥之间传递较大转矩的实心轴，其内端一般采用花键与差速器的半轴锥齿轮连接，外端通过凸缘盘等方式与驱动轮的轮毂相联。半轴结构因驱动桥结构形式不同而异，整体式驱动桥中的半轴为刚性整轴；转向驱动桥和断开式驱动桥中的半轴分段并用万向节连接。

2. 半轴的类型

根据半轴与驱动轮的轮毂在桥壳上的支承形式及半轴受力情况的不同，半轴可分为全浮式、四分之三浮式、半浮式和不浮式。现代汽车基本上采用全浮式半轴和半浮式半轴两种型式。

（1）全浮式半轴

全浮式半轴（图6-20）在汽车静止时是不受力的，因而不用支起车桥就可以卸下半轴。在驱动桥驱动时，半轴只承受扭矩。全浮式半轴广泛应用于各型货车上。

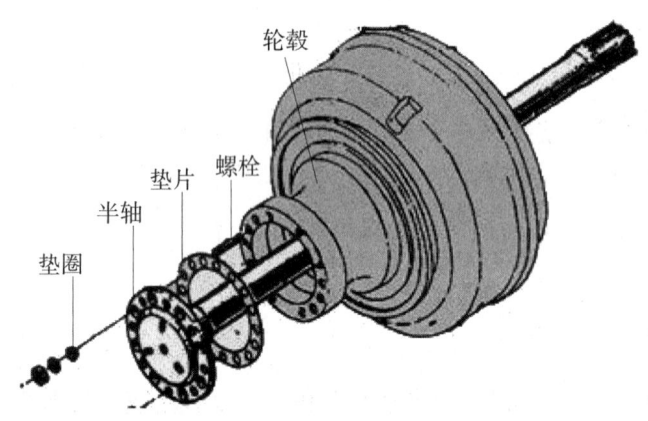

图6-20 全浮式半轴

全浮式半轴的特点：

①装拆方便，传递扭矩能力大，广泛用于大型车。

②内端以花键和半轴齿轮啮合，外端以凸缘和轮毂通过螺栓连接。

③半轴浮装在桥壳的半轴套管内，只要拆开联接螺栓，就可以取出半轴。

④半轴在行驶中只传递扭矩，不承受包括汽车重量在内的任何力和力矩。

（2）半浮式半轴。

半浮式半轴（图6-21）内端的支承方法与全浮式相同，半轴内端不承受弯矩。半轴外端制有锥形面与轮毂相应的锥形孔相配合。半轴最外端有螺纹，用螺母把轮毂固定在半轴外端。在半轴和轮毂锥形配合面处切有纵向键槽，并安放矩形键以传递动力。半轴被圆锥滚子轴承支承在桥壳凸缘内。显然，此时作用在车轮上的各反力都必须经过半轴传给驱动桥壳。因为这种支承型式只能使半轴内端不承受弯矩，而外端却要承受全部弯矩，所以称为半浮式支承。轴承除了承受径向力以外，还承受车轮向外的轴向力。为此，在差速器行星锥齿轮轴的中部浮套着止推块，止推块平面抵在半轴内端，防止侧向力使半轴向内的窜动。

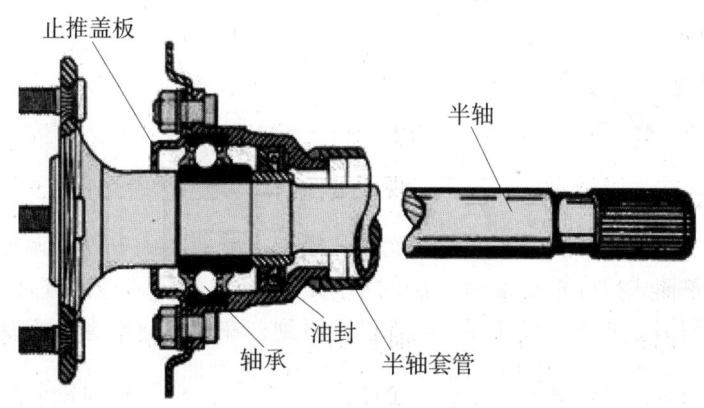

图6-21 半浮式半轴

半浮式半轴的特点：

①结构简单、质量轻，适应小直径的车轮，但装拆不方便。多用于小型车。

②半轴内端和半轴齿轮以花键连接，外端通过轴承直接支承在桥壳内，车轮轮毂通过键直接固定在半轴的外端。

③半浮式半轴除了传递扭矩外，其外端承受车轮的各个方向的反力和力矩，其内端不承受其它力和力矩。

（五）驱动桥壳

驱动桥壳（图6-22）一般由主减速器壳和半轴套管组成。其内部用来安装主减速器、差速器和半轴等；其外部通过悬架与车架相连，两端安装制动底板并连接车轮，承受悬架和车轮传来的各种作用力和力矩。驱动桥壳可分为整体式桥壳和分段式桥壳两类。

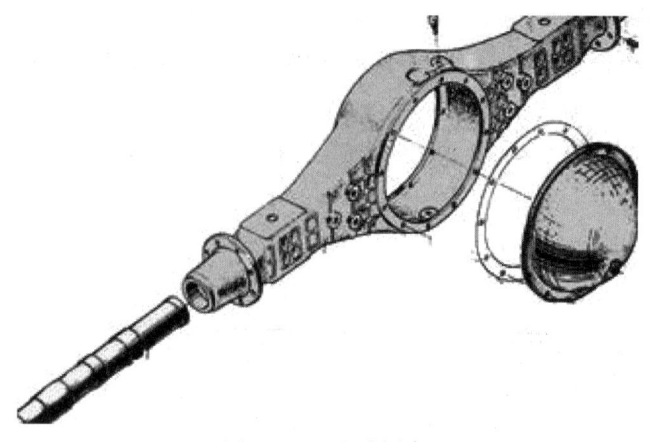

图 6-22 驱动桥壳

1. 整体式桥壳

整体式桥壳（图 6-23）因强度和刚度好，便于主减速器的安装、调整和维修，因而得到广泛应用。整体式桥壳根据制造方法的不同，可分为整体铸造式（图 6-24）、中段铸造压入钢管式和钢板冲压焊接式等。前面已经讲到，在主减速器壳上设有加油孔和放油孔，以保证其内部齿轮的正常润滑。为了防止桥壳内润滑油外溢，在桥壳上设有通气塞，有的桥壳轴管处焊有挡油环或加装油封。

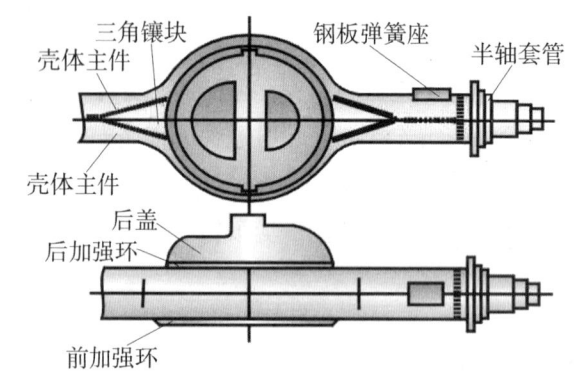

图 6-23 整体式桥壳

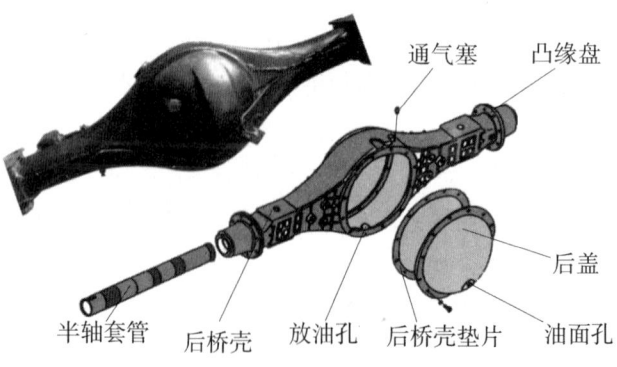

图 6-24 整体铸造式桥壳

2. 分段式桥壳

分段式桥壳是将桥壳分为两段，由螺栓连接成一体。主要由主减速器壳、盖、半轴套管以及法兰盘等组成，如图 6-25 所示。

分段式比桥壳整体式桥壳制作容易，加工方便；但维修不便，检查调整主减速器必须把驱动桥壳从车上卸下来。因此现代汽车已经很少采用。

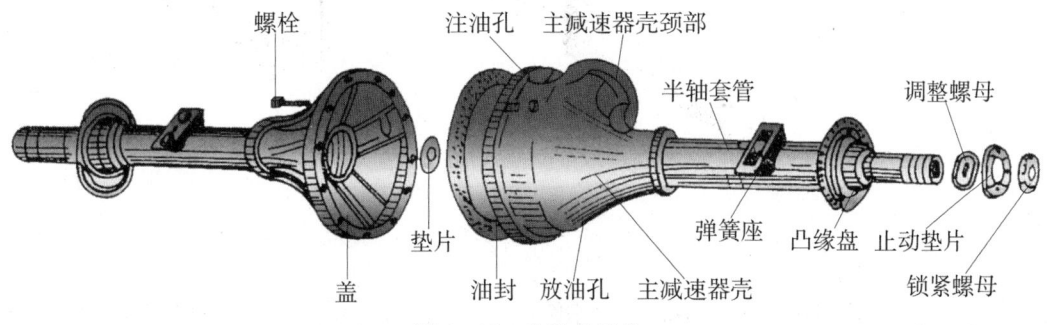

图 6-25 分段式桥壳